人間晩年図巻
2004–07年

人間晩年図巻 2004―07年

関川夏央

岩波書店

目次

2007年に死んだ人々 195

装丁＝奥定泰之

2004年に死んだ人々

網野善彦
ロナルド・レーガン
マーロン・ブランド
フランソワーズ・サガン
本田靖春

網野善彦〈歴史学者〉

『舞踏会の手帖』古文書版

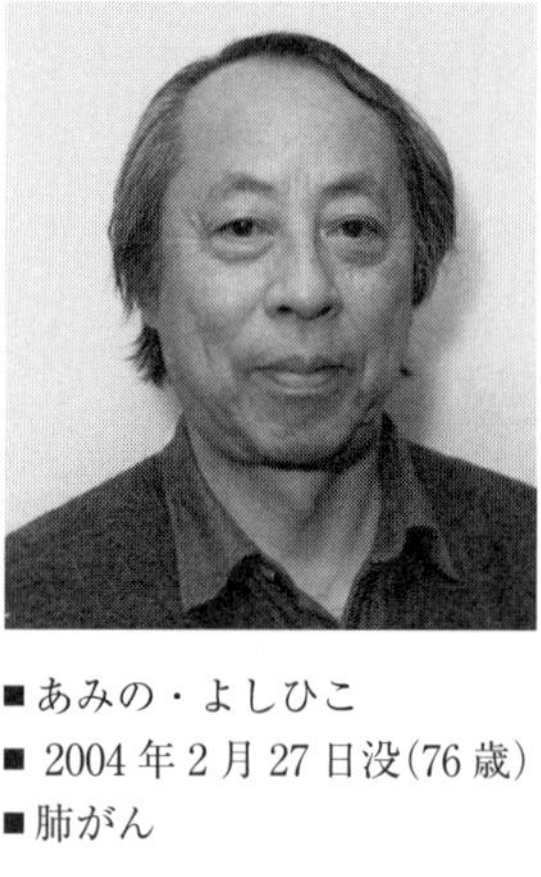

■あみの・よしひこ
■2004年2月27日没(76歳)
■肺がん

「百姓」すなわち農民と考えるのは間違いだ。農民以外に漁撈や海運に従事する人々、商人、職人、放浪民など、中世の日本社会は多様だった。「百姓」とは文字通り「ひゃくせい」のことだから、非農民に考えがおよばない歴史は不毛だ。「士農工商」という常識そのものが虚妄だといってもいい。むしろ日本の中世に、政治権力のおよばないアジールとしての「無縁《むえん》・公界《くがい》・楽《らく》」といった空間があらわれていることにこそ注目すべきだ——

このような網野善彦の歴史観と歴史記述は学界から批判を浴びたが、知的な一般読者を大いに刺激した。小説家の隆慶一郎は『吉原御免状』などの作品を「網野史観」で書き、アニメ映画監督の宮崎駿は『もののけ姫』の舞台を、網野善彦の強い影響下に中世非農民の世界に設定した。

水産庁委託の「古文書借用事業」

網野善彦が「海民」(海部《かいふ》、海夫《かいふ》)ら農民以外の民が歴史上に果たした役割の大きさに気づいたのは、一九五〇(昭和二十五)年、二十二歳で日本常民文化研究所月島分室に就職して以後である。

その前年秋、水産庁は「漁業制度改革を内実あらしめるため」という名目で、全国各地の漁村の古文書を借用、あるいは寄贈などの方法で蒐集、整理、刊行し、さらに永続的な資料館・文書館の設立までを企図して、その事業を日本常民文化研究所に委託した。

日本常民文化研究所の前身は、渋沢栄一の孫渋沢敬三が一九二一年、二十五歳のとき三田の自邸内につくった「アチックミューゼアム」(屋根裏博物館)である。その後子爵家を継いだ渋沢敬三は、四二年、アチックミューゼアムを日本常民文化研究所と改称した。そして戦後の四九年、当時としては驚くべき巨額の予算とともに水産庁の委託を受けたとき、中央区月島の東海区水産研究所の一室に、日本常民文化研究所月島分室の看板を掲げた。所長は戦前、左翼運動のために一高を追放、投獄された宇野脩平《しゅうへい》であった。宇野は釈放後、常民文化研究所に入所したが間もなく召集されて満洲に送られた。シベリア抑留ののち四七年に帰国、研究所に復職した。

月島分室に就職したばかりの五〇年、網野善彦は佐渡外海府《そとかいふ》の漁村、若狭・小浜の漁村、紀州沿海地方の旧家からの古文書借用事業に参加した。佐渡へは、のちに網野と結婚する中沢真知子、紀州へは、後年日本に歴史人口学を確立する速水融《あきら》と同行した。同僚に民俗学の宮本常一《つねいち》もいた。

翌五一年には、三次におよんだ霞ヶ浦・北浦の漁村調査のほか、和歌山県日高郡三尾《みお》村(アメリカ村)、京都伏見区深草の旧家などの調査に出向いて大量の古文書を借用した。政府機関の調査研究とあったので、どの村、どの旧家も好意的で、月島分室には膨大な古文書が蓄積された。

革命運動から「落ちこぼれる」

網野善彦は一九二八年、山梨県御坂町《みさかちょう》で酒造業を営み、無限責任「網野銀行」を経営する家に生まれたが、父親の新事業のため満一歳で東京に移った。四〇年、十二歳で中野の七年制東京高校尋常科に入学した。自由な校風で知られた旧制東京高校の尋常科は四年制の中学課程相当で、そのあと無試験で三年制の高等科に進めた。高等科進学のとき文科か理科かで悩んだのは、文科系学生の徴兵猶予が四三年十月に停止されたからである。しかし結局、尋常科四年頃から興味を抱いていた歴史を学ぶべく文科を選んだ。

高等科文科に進んだ四四年春、父が肺結核のため早世、この年の夏休み以降は学徒動員で東中野の工場で働いた。高等科二年の四五年八月に終戦。

四六年、十八歳のとき、石母田《いしもだ》正《ただし》『中世的世界の形成』を読んで中世荘園の研究を一生の仕事にすると決意した。四七年、東大文学部入学。国史研究室に所属して、四八年、山城国東寺領久世荘《くぜのしょう》の現地調査に学生としてただ一人参加した。

学生の政治運動高揚期であったこの時期、網野善彦も積極的に身を投じ、四八年、民主主義学生同盟の組織部長兼副委員長となった。五〇年春、若狭国太良荘《たらのしょう》に関する東寺文書《もんじょ》研究を卒業論文として東大文学部を旧制で卒業、引き続き大学院に籍を置いたが、間もなく授業料滞納で除籍された。学部卒業の三月末日、網野善彦は財団法人化直後の月島分室を訪れ、久世荘調査で面識を得ていた宇野脩平に就職を願い出るとその場で認められ、翌日から出勤した。

「そのころ観念的な左翼で、「革命」を「夢想」する運動に没入していた」まま、「近世・近代文書の解読能力も整理経験も皆無の状態で」この大事業に巻き込まれていった、と網野善彦は『古文書返却の旅』(中公新書、九九年)に回想している。五一年十月、日本共産党は第五回全国協議会で「武装組織」の建設を決議し、網野も、「山村工作隊」が農民の「革命化」を促すための農民一揆を主題とした紙芝居の作成や、これらの動きにともなう「国民的歴史学運動」に加わった。だが五三年、運動内部の矛盾が噴出するなかで「落ちこぼれ」、以後すべての勉強をやり直そうと決意して古文書解読と整理に沈潜した。

膨大な未整理文書を残して閉室

「日本の社会には、現在もなお〝無尽蔵〟といっても過言でないほどの、江戸時代に遡る文書が未発見・未調査のまま、旧家の家の簞笥の抽出や長櫃の中に眠っている」(『古文書返却の旅』)

この実感は常民文化研究所月島分室での仕事から得られた。紙に記した文言証拠を大切にする文化と一定以上に普及した識字力と記録癖、それが全国津々浦々に大量に保存される古文書を生み出したのである。

そのうち、現代では顧みられることまれな漁業・海港・離島関係の古文書を、発掘・借用・記録することが網野善彦らの任務であった。しかし分室に古文書が集積されるにつれ、発掘と借用に重きを置くあまり、それらを筆写したのちに校閲して複写をつくり、整理・検討するという仕事がおろそかになっているのではないかと宇野所長の方針に所員たちは疑問を抱くようになった。

五四年、水産庁から常民文化研究所への委託予算が打ち切られると、研究員たちはそれぞれ別の仕事をもとめて四散した。翌五五年、中沢真知子と結婚した網野善彦は都立北園高校の非常勤講師となり、ドイツ語の翻訳などのアルバイトをしながら無給で古文書整理のために月島分室に出勤した。同年、日本共産党は「六全協」でそれまでの武装闘争方針を放棄、それにともなって国民的歴史学運動も退潮した。

五六年、網野善彦は正式に北園高校の教諭に就任、日本史を中心に人文地理や一般社会の授業も受け持った。生徒たちからの質問に、自分の知識の盲点を衝かれる思いを味わった彼は、授業終了後や、当時北園高校にあった週一日の「研究日」には東大史料編纂所に通い、若狭国太良荘関係の東寺文書の筆写をつづけた。

月島分室が正式に廃止となったのは五七年である。一年とか二年の借用期限がとうに切れていた膨大な古文書は整理・研究されることなく、また返却の目途も立たぬままに、宇野所長のつぎの勤務先である東京女子大学の倉庫に積み上げられ、一部は所長や所員の自宅に蔵された。さらにのちには、宮本常一の勤務先である武蔵野美術大学、そして研究所の新たな本拠となった三田のマンションの一室に保管された。

一九六七年、網野善彦は名古屋大学文学部助教授に招聘され、十一年間勤めた北園高校を辞した。ちょうどその頃、高度経済成長による生活の安定とともに全国の自治体で地域史の編纂が着手されるようになり、借りっ放しになっていた古文書の問い合わせと返還要求が相次ぎ、常民文化研究所関係者のみならず水産庁でも大問題となった。そこで六七年、水産庁が返却のための予算を一年限りでつけた。網野善彦も大学の仕事と、依頼を受けた「県史」編纂のかたわら、若狭国田烏《たがらす》浦で自身が借り出した文書を十五年ぶりに返却に出向いた。それが「返却の旅」の第一歩であった。

「古文書返却の旅」

網野善彦が小学館「日本の歴史」シリーズ中の一冊『蒙古襲来』を刊行したのは七四年、四十六歳のときであった。それに加え、七八年に発表した『無縁・公界・楽——日本中世の自由と平和』

は、あらたな中世像の提示として読者に広く迎えられた。しかし借用古文書の返却は気にかけつづけていたものの、多忙さのみならず、数ヵ所に分けて保管された古文書の量に圧倒されるあまり、手をつけかねたというのが実情であった。

常民文化研究所を神奈川大学に招致したいという連絡が入ったのは七九年であった。ついては網野善彦も招きたいという。古文書返却への義務感と、名古屋にいてはその作業が難しいことを理由に網野善彦は名古屋大学辞職を決意し、八〇年秋、神奈川大学短期大学部に移籍した。五十歳代はじめで旧帝大の教授職を辞して私立大学、その短大部に移ったのだから相当な覚悟であった。

宮本常一から電話があったのはその直後である。「これで自分も地獄からはい上がれる。よろしく頼む」と宮本はいった。それほどの重荷だったということである。さして時をおかず宮本常一は亡くなった。

月島分室が健在であった五四年までに、古文書は返却されはじめていたし、六七年には水産庁の予算で返却は実行された。しかしまだ膨大な数の文書が残されていた。それら古文書の少なくない部分は、「虫損」のため複数がくっついて棒のようになり、さらに症状が進んで紐状と化していた。それらを竹ベラを使って根気よくはがし、伸ばし、解読できるようにする。さらに裏打ちして撮影する。筆写してコピーを取る。原本を一点ずつ封筒に入れて返却にそなえる。作業は文字通り果てしないのである。

「士農工商」の社会観を疑う

八二年、網野善彦は霞ヶ浦・北浦の漁村を手始めに、岡山県玉野市、対馬、瀬戸内海二神島《ふたがみじま》を再訪して古文書を返却した。

霞ヶ浦では旧家の主人から、文書の帰還を喜ぶ前に「二、三十年前に来た〝水産庁〟の若い男が文書をみな持っていってしまった」と嘆かれたが、その「若い男」とは五一年に二十三歳の網野善彦自身であった。

「能登に古文書のないのは上杉謙信と常民文化(水産庁)がみな持っていってしまったからだ」といいならわされていた能登半島北海岸曽々木《そそぎ》の時国家《ときくにけ》を八四年に訪ねると、当主から、まだ蔵のいくつかに文書が多く残っている、とあらためて調査を依頼された。そうして八五年から八六年にかけての時国家調査で、襖の下張りを含む大量の文書を発見した。

前田家入部以前のものもまじったそれらを解読すると、生産力の低い棚田を所有するばかりの豪農だと思っていた時国家は、蝦夷地松前で仕入れた海産物を大坂などに運んで売る北前船《きたまえぶね》の廻船交易をもっぱらとし、ときに樺太まで産物調達に出向いていたことがわかった。すでに知られていた製塩業のほか、鉱山経営、薪炭、川漁、金融など手広く行って、農業はそのごく一部にすぎなかったのである。時国家に限らず奥能登で廻船業を営む家は、人別上はみな貧農の「水呑」(加賀藩では

「頭振」なのは、彼らが土地を必要としない産業に従事していたからなのだった。

以後十年つづいた時国家古文書調査によって日本近世の多様さを強く再認識した網野善彦は、それまで自分もとらわれていた「士農工商」の社会観は虚像ではないかと強く疑う根拠を得て、江戸時代は農業社会ではなく経済社会なのだと考えるに至った。

喜ばしかった『舞踏会の手帖』の旅

一九九三年、日本常民文化研究所を基盤として神奈川大学大学院に歴史民俗学資料学研究科が新設された。九七年、人材育成の必要に迫られて古文書修復実習を告知すると、全国からの希望者が多数におよび、抽選しなければならないほどだった。網野善彦らの仕事と考えは、後生にたしかに受け継がれたのである。九八年、七十歳で彼は神奈川大学を退いた。

『古文書返却の旅』に網野善彦は書いている。

「かつて、この文書返却の仕事をはじめたころ、私は学生時代に見た映画『舞踏会の手帖』を思い出していた。それは中年をすぎた女主人公が、華やかだった若いころの舞踏会で会った男性たちを、当時の手帖をたよりに探し出し、めぐり会う話で、美しく魅力的だった青年たちの、みじめに老いたなれのはてを知って、女主人公が暗い想いに沈む、悲しく淋しい印象の映画だった」

「当初、私はこの映画を私の旅に投影していたが、この予想は見事に外れたといってよい」「たしかに驚くべき自然の荒廃や過疎の進行に胸を衝かれることこそ多かったとはいえ、再びめぐり会い、あるいは新たにお目にかかった文書の所蔵者の方々は、例外なしに暖かく、好意に満ちて私を迎えて下さった」「これは『舞踏会の手帖』とはまったく異なる明るく喜ばしい旅であった」

二〇〇〇年三月、定期的に行っていた検査で肺がんが判明、翌月右肺の一部の切除手術を受けた。順調に回復かと思われたが、一年後、肺がんの転移が見つかった。

最初の手術後に「二年後の生存率二〇パーセント」といわれた網野善彦だが、二〇〇三年まで著作の刊行を活発に行い、二〇〇四年二月二十七日、この美男だった歴史学者は亡くなった。七十六歳であった。遺志により献体し、葬儀・告別式は行わなかった。

ロナルド・レーガン

アメリカが懐かしむ時代

〈元映画俳優、アメリカ合衆国第四十代大統領〉

■ Ronald Reagan
■ 2004年6月5日没(93歳)
■ アルツハイマー、肺炎

『バック・トゥ・ザ・フューチャー』(一九八五年、ロバート・ゼメキス監督)で高校生のマーティ・マクフライ(マイケル・J・フォックス)は、ドク(エメット・ブラウン博士＝クリストファー・ロイド)が改造したプルトニウム燃料の「時を超える」車、デロリアンで、一九八五年の田舎町ヒルバレーから一九五五年十一月五日早朝のヒルバレーに飛んだ。

三十年前にもドクがいた。マーティが、一九八五年のアメリカ合衆国大統領はロナルド・レーガンだというと、冗談だろ、とドクは笑った。

「じゃ、副大統領はジェリー・ルイスか？　ファーストレディはジェーン・ワイマンか？」

実際の副大統領はジョージ・H・W・ブッシュ、ファーストレディはナンシー・デイビスなのだが、三十年前のドクが知るわけはない。

一九五〇年代、ことに五五年前後はアメリカ人の集団的記憶の中で「よい時代」「懐かしむに値する時代」と印象されているようだ。朝鮮戦争休戦からベトナム戦争の泥沼にはまるまでの時代、お尻に羽型の突起をつけた大きな車に乗り、盛り上げたようなヘアスタイルの女性が闊歩し、誰もが親の仇のようにタバコを吸い、ミッキー・マントルとマリリン・モンローが代表した時代である。

マーティは一九五五年の世界で、まだ高校生の母親ロレインと父親ジョージがのちに結婚、一九七〇年に自分が生まれるべく努力する。なんとか成功して一九八五年に帰ろうとするが、もうデロリアンの燃料がない。たまたま未来から持ってきていた新聞で、一九五五年十一月十二日午後十時四分にヒルバレー裁判所に落雷があったという記事を見つけ、「時を超える」のに必要な一・二一ギガワットのエネルギーを雷から得た。帰還したのは一九八五年十月二十六日午前一時二十四分、出発の十一分前だった。

ライフガードからメディアへ

ロナルド・レーガンはこの映画で自分が笑いものにされたとは思わなかった。大統領二期目の彼は八六年年頭の一般教書演説で、不況下のアメリカ経済再生計画「レーガノミックス」と連邦政府から州政府への大幅な権限移譲「小さな政府」について語ったあと、こう述べた。

「今夜、私はアメリカのより若い世代のみなさんに率直に申し上げたい。なぜなら、あなたがたこそ我々の合衆国の将来をになっているからです」「映画『バック・トゥ・ザ・フューチャー』で述べられているように、我々がこれから行こうとする場所には、道など必要ないのです」

ロナルド・ウィルソン・レーガンは一九一一年、中西部イリノイ州の田舎町のアイルランド系移民の三世として生まれた。一九一一年は明治四四年、「大逆事件」の処刑が実行され、中国で辛亥革命が起きた年である。森雅之、加東大介、北林谷栄、のちに首相としてレーガンと会談する鈴木善幸が生まれている。

レーガンの曽祖父は胴枯れ病でアイルランドのジャガイモが全滅、百万人以上の死者を出した一八四五年に英国に逃れ、アイルランド的な姓オリーガンをレーガンと改めた。その後アメリカに移住、イリノイ州に定着した。祖父は、一八八三年生まれの父が六歳のとき死に、父は靴のセールスマンとして生涯をすごした。母はスコットランドとイングランド系で敬虔なプロテスタントであった。レーガンはその宗教性と美しい声を母から、美貌と話術は父親から受け継いだ。

一九二九年秋に始まった大恐慌の時代は、だいたいレーガンがアルバイトをしながら通ったイリノイ州の謹厳な校風の小さな大学の学生であった時期にあたる。アルバイトは川で水遊びする人たちのライフガードで、二十二歳までの六年間で七十七名を救助したという。このときの「救難」のイメージが政治家へのモチベーションとなった。

三二年、レーガンはアイオワ州デモインのラジオ局に就職した。担当はスポーツ中継であった。現地の電信技士が送ってきたモールス信号をその場で解読、自身が現場にいるかのように「実況中継」するのである。

電信が故障したときは回復するまで、野球の投手なら延々クサい球を投げつづけ、バッターなら延々ファールを打ちつづけた。レーガンにはそういう芸があった。

同年十一月の合衆国大統領選挙ではフランクリン・デラノ・ローズヴェルトが当選した。翌年三月に就任したローズヴェルトは「ニューディール政策」を開始、四五年四月に亡くなるまで大統領職にあった。当時民主党員であったレーガンはローズヴェルトに投票したが、のちに共和党員となっても支持しつづけた。彼がめざしたのは「右派のローズヴェルト」であった。

「好青年」という役柄

二十世紀をリードしたメディア、ラジオ・映画・テレビの申し子といえるレーガンの映画界入りは一九三七年、二十六歳の春であった。ワーナー・ブラザーズと七年契約、初任給二百ドルであった。

映画はアメリカに「セレブ」という種族を生み出し、彼らがヨーロッパにおける「貴族」と「社交界」の役割を果たした。レーガンと同時代のスター、ウィリアム・ホールデンは「男の中の男」、ジェームズ・スチュアートは「善良なアメリカ人」の「典型」であった。そうしてレーガンがになった「典型」は「中西部の好青年」であった。

「B級映画のエロール・フリン」にすぎなかったレーガンだが、やがてA級映画『愛の勝利』(三九年)で、ベティ・デイビス、ハンフリー・ボガートと共演した。出演者のクレジットでは五番目だったのに、彼がプレイボーイ役を演じたことは誰も覚えていなかった。それでも四二年のギャラップ調査では、ハリウッド・トップスター百人中七十四位に入った。

八歳下の女優、ジェーン・ワイマンと結婚したのは四〇年である。翌年ワイマンは二十二歳で娘を出産したが、彼女には映画女優の適性があった。ビリー・ワイルダー監督の『失われた週末』(四五年、アカデミー作品賞)に出演して認められた。グレゴリー・ペックと共演した『子鹿物語』(四六年)ではアカデミー主演女優賞にノミネートされ、ジーン・ネグレスコ監督の『ジョニー・ベリンダ』(四八年)で聾唖者の役を演じてアカデミー主演女優賞を受けた。

聾唖者役のときは家でも口をきかないほどに打ち込むワイマンに対して、「好青年」あるいは「ロナルド・レーガン自身」しか演じられない夫との結婚生活は長続きしなかった。「もしロニー(レーガンの愛称)に今何時かと尋ねたら、時計の作り方を説明しだすでしょうよ」と述懐したワイマンに、四八年、彼は離婚された。

四二年、軍務についたレーガンは国内勤務の少尉として戦意高揚映画『これが陸軍だ!』(マイケル・カーティス監督)に出演した。このとき音楽担当のアーヴィング・バーリンに、いっそ職業俳優になったらどうかと勧められ、ショックを受けた。すでに三十本以上の映画に出ているレーガンを、バーリンは知らなかったのである。

四五年七月除隊。ワーナー・ブラザーズとあらたに結んだ契約は週給三五〇〇ドルの七年契約で、合計すると百万ドルを超えるため「ハリウッド史上初の百万ドルスター」となった。このとき体感した高額の税金が、のちに「減税」と「小さな政府」を政策とする強い動機となった。

「赤狩り」でナンシーと出逢う

ジョセフ・マッカーシー上院議員が「赤狩り」に狂奔したのは一九五〇年、レーガンがSAG(スクリーン・アクターズ・ギルド)委員長をつとめているときであった。

「赤」を告発する側にまわったのは、レーガン、ウォルト・ディズニー、ゲイリー・クーパー、ロバート・テイラー、それに告発される側から転向したエリア・カザンらであった。

「赤」として告発されたのは、エドワード・ドミトリク、リング・ラードナーJr.、ダルトン・トランボらで、ブラックリストに載せられたのは、オーソン・ウェルズ、エドワード・G・ロビンソン、アーサー・ミラー、ジョセフ・ロージー、アーウィン・ショー、ダシール・ハメット、リリアン・ヘルマン、ハリー・ベラフォンテらであった。このときハリウッドを追われたダルトン・トランボは『ローマの休日』(ウィリアム・ワイラー監督、五三年)の脚本を別名義で書き、四十年後、大統領を退任したレーガンにアルツハイマーがきざした九三年、アカデミー最優秀原案賞を得て「名誉回復」された。

「マッカーシズム」の嵐の中、自分もブラックリストに載っているのではと不安に思った若い女優が、SAG委員長レーガンに相談を持ちかけた。その、瞳の大きな無名女優はナンシー・デイビスといった。リストにあったのは同姓同名の女優だとわかったが、互いに惹かれるようになり、五二年三月に結婚した。レーガン四十一歳、ナンシー三十一歳であった。のちに「政敵でさえレーガンを憎めなかったように、彼の支持者でさえナンシーを愛することはできなかった」といわれた大統領の「私的人事担当補佐官」はこのとき誕生した。ナンシーは在職中および離任後も、レーガンを守ることを自分の天職とした。

レーガンは五〇年代にはGE(ゼネラル・エレクトリック)のほとんど専属タレントのようにテレビの「GEシアター」に毎週出演、また全米三十九州に点在するGE工場の巡回講演を八年間つづけて顔を売り、もともと魅力的であったスピーチの技を磨いた。

彼が最後に映画出演したのは六四年、E・ヘミングウェイ原作の『殺人者たち』であった。レーガン唯一の悪役で、アンジー・ディキンソンを殴打するシーンがある。それがのちの選挙に悪影響を与えなかったのは幸運であった。

「政治的タイムマシン」に乗った大統領

一九六六年、レーガンはカリフォルニア州知事選に出馬して圧勝、七〇年にも再選を果たした。七五年、知事を辞すと次期大統領選出馬の意志を明らかにした。大統領二期目のリチャード・ニクソンが七二年の「ウォーターゲート事件」で失脚、あとを襲った二歳年少、ジェラルド・R・フォード大統領との共和党候補の指名争いであったが、レーガンは敗れた。そのフォードは、しかし七六年の大統領選で民主党候補ジミー・カーターに屈した。

カーターの時代、あるいは一九七〇年代はアメリカの萎縮の時代であった。経済力、軍事力は弱体化し、セラピーとリハビリばかりが流行した。

カーター政権三年目、七九年はとくに多端で、三月にスリーマイル島で原発の重大事故があり、十一月にはテヘランの米大使館員五十二人がイスラム原理主義者の人質となり、十二月、ソ連軍がアフガニスタンに侵攻して「デタント路線」は破綻した。そんな現実をカーターは直視させようとしたのだが、アメリカ人の好むところではなかった。

その年、大統領選再挑戦の意志を明らかにしたレーガンは、アメリカの伝統的価値である、勤勉、愛国心、個の責任、信仰を、持ち前の楽観主義と「救済ファンタジー」で包んで国民に提示した。

その決めゼリフは「アメリカの朝」であり、メイフラワー号のピューリタン、ジョン・ウィンスロップがマタイ伝から引用した「丘の上の輝く町」であった。それらは「政治的タイムマシン」の産物といえたが、七六年、とても集客できまいと思われていたのに大ヒットしたシルヴェスター・スタローン主演の映画『ロッキー』の復活物語と平仄《ひょうそく》をあわせていた。

八〇年十一月の大統領選挙でレーガンは、「ABC」(オール・バット・カーター、すなわち「カーター以外なら誰でも」)の風に吹かれて圧勝した。アメリカ人は、この中西部出身の人好きする元映画俳優に、ケネディ以後の「沈滞の空気」を払ってくれることを期待したのである。

就任から二ヵ月後の八一年三月三十日、レーガンは狙撃された。弾ははずれたが、跳弾が左脇から入って心臓の近くで止まった。事件後の世論調査で大統領の支持率は急上昇、七三パーセントに達した。

「レーガノミックス」とは「小さな政府」と規制撤廃、「市場のことは市場に任せる」という「新自由主義」である。富者がさらに豊かになれば、その余剰は貧乏人にも滴り落ちるという「トリクル・ダウン」理論は、経済学者ハイエクの主張にのっとったものであった。おなじハイエクの信奉者に、レーガンより二年前、一九七九年に英国首相となり、「金持ちを貧乏にしても、貧乏人が金持ちにはなりません」といったマーガレット・サッチャーがいた。ふたりは間もなく意気投合し、サッチャーはレーガンのもっとも親しい「政治的友人」となり、またレーガン政権の最重要閣僚といわれるに至った。

サッチャーの「男性的」決断

そのサッチャーは「売られた戦争は決然と買う」女性であった。

アルゼンチンの東五百キロ、英国からは一万三千キロ離れた南大西洋上の島、英領フォークランド諸島に、八二年四月二日、自国領土回復を旗印にアルゼンチン軍が突然上陸した。サッチャー首相の反応は速かった。レーガンに事態収拾の仲介を依頼すると同時に閣議を招集、開戦に逡巡する男性閣僚らを、「ここに男はひとりしかいないのですか！」と叱咤して機動部隊の編成を命じた。

四十九隻からなる英機動艦隊は、四月五日、中部大西洋の孤島、英領アセンション島を中継基地として、フォークランド海域へ向かった。四月二十五日、フォークランド東南東千キロの洋上にあって、やはりアルゼンチン軍に占領された英領サウス・ジョージア島に英軍は上陸、これを奪還した。五月二日、英国海軍の原子力潜水艦「コンカラー」がアルゼンチン海軍の巡洋艦「ヘネラル・ベルグラーノ」を発見、魚雷を発射して沈めた。六月十四日、英軍はフォークランド諸島の首都ポート・スタンリーを陥落させてアルゼンチン軍一万人以上を捕虜とし、戦争は終った。

陸海空あわせて三万人を派遣した英軍の戦死戦傷は千人、総兵力一万四千人のアルゼンチン軍は、「ヘネラル・ベルグラーノ」の死者三百八十三人を含む戦死戦傷千七百人であった。

遠隔海域の戦いでは本国に近い方が絶対有利とは、米西戦争、日露戦争で実証されていたことだが、フォークランド戦争では本国が二十四倍遠い英国が勝利した。主因は、サッチャーの「領土を死守する」という強い意志に導かれた「男性的」な決断であった。そのサッチャーは、八四年十月十二日、IRA(アイルランド共和軍)の爆弾テロにあい、レーガン同様九死に一生を得た。

日米貿易摩擦と「プラザ合意」

八四年はレーガンが再選に挑む年で、相手は民主党のウォルター・モンデールであった。すでにレーガンは七十三歳、候補者討論では司会者に「年齢はハンディキャップになるか」と尋ねられたが、にこやかに応じた。

「私は政治的目的のために、ライバルの若さや経験不足を利用するつもりはありません」

大統領選はレーガンの圧勝だった。

この時期のアメリカ政治の主題は、ソ連との核軍縮交渉、アフガニスタンからのソ連軍撤退のほか、財政赤字と貿易赤字の「双子の赤字」の処理であった。八五年の貿易赤字千五百億ドルのうち三分の一が自動車を中心とした対日赤字で、アメリカ各地で日本車を打ち壊すデモンストレーションが行われた。一方、八〇年代前半の日本経済は好調、八五年の貿易収支は十一兆円の黒字であった。二期目に入ったレーガンは、日本は安全保障に「タダ乗り」していると批判しながら、集中豪雨的輸出はやめよ、アメリカ製品を買え、と中曽根康弘首相に圧力を強めた。

日本政府は、アメリカ製品を中心とした外国製品を国民一人当たり百ドルずつ購入する計画を発表した。当時のレートで百ドルは二万六千円、人口は一億二千百万人だったから、日本人全員が百ドルずつ買えば三兆千五百億円ほどになる。中曽根首相自身は八五年四月、「輸入商品フェア、百ドル均一セール」実施中の日本橋高島屋を訪れ、率先垂範のつもりで衣類を中心に七万円分ほどの輸入商品を購入した。しかし買ったのはイタリア製とフランス製ばかりで、アメリカ製品は含まれていなかった。この時期、高まっていたブランド品人気の対象は、ほとんどイタリアとフランスの製品であり、自動車はドイツ車中心、アメリカ車の入る余地はなかった。

同年九月、ニューヨークのプラザホテルに先進五ヵ国蔵相と中央銀行総裁が会し、「プラザ合意」がなされた。それは、不当に高く評価されてきたドルを妥当な価格に下げるため、外国為替市場に協調介入する合意であった。

七一年、いわゆる「ニクソン・ショック」で一ドル三百六十円の固定相場から三百八円に、一七パーセント円が切り上げられたときの日本の強烈な抵抗を記憶していたアメリカ当局者は、プラザ合意がもたらすドル安円高を日本政府が嫌がらないどころか、むしろ積極的であることを意外に思った。プラザ合意後には一ドルは百八十円、固定レート時代のちょうど半値になったが、日本人はまったく生活苦を訴えず、むしろ安い輸入品の恩恵に浴して、しきりに消費した。またドル換算の統計上の数字は、実情以上の日本の豊かさを印象づけた。

八五年はソ連の指導者としてミハイル・ゴルバチョフが登場した年でもある。十一月、レーガンはゴルバチョフとジュネーブで初会談を行った。ナンシー夫人はレーガンとゴルバチョフは星座の相性がいいといったが、英国のサッチャー首相がゴルバチョフに好印象を持っていることの方がレーガンには大きかった。

ソ連はもはやブレジネフのようなタイプではもたない状態なのだと了解された会談後、レーガンはゴルバチョフを「うかうかしていると好きになってしまう」と側近にもらした。

八七年十二月、ゴルバチョフはワシントンを訪れ、ＩＮＦ全廃条約を結んだ。翌年五月、ソ連軍がアフガニスタンからの撤退を開始し、また東欧駐留ソ連軍は縮小に向かった。長い冷戦の終りが見えたのである。

退任後、アルツハイマーに

レーガンは、なにごとにも傷つかない「テフロン大統領」といわれた。傷つかないのは、他者に関心がないからだともいえた。関心がないので、彼は他者への悪意や嫉妬心も抱かなかった。そして、自分に都合の悪いことはすぐに忘れるという「選別的記憶」の持主でもあり、それが彼の明るさと印象のよさを保証した。

だが、そんなレーガンも老いる。満七十八歳となる直前の八九年一月大統領退任、「ベルリンの壁」の崩壊はその年の十一月であった。

カリフォルニアに戻ったレーガンは、九四年十一月、アルツハイマーに侵されていることを公表した。症状はゆっくりと、しかし着実に進んだ。

午前中はロスアンゼルス市中心部の高層ビルのペントハウスに設けられた執務室に出勤して、人との面会、握手、記念写真撮影を行った。しかしデスクには水差しとグラス、それに何もかかれていないメモ用紙が置かれているだけだった。レーガンはデスクに正対してじっと座っていた。

ナンシーとレーガンの娘、一九五二年生まれのパティは長い間、両親に反抗していた。「グレート・コミュニケーター」といわれたレーガンだが、娘とのコミュニケーションには失敗した。

高校時代、薬物に溺れたパティは、自殺未遂、教師との不倫、有名ロックグループ・メンバーとの同棲、激烈な反核運動などで話題になった。

四十一歳のときには、「プレイボーイ」誌にヌード写真を載せた。それは、本人にいわせればカリフォルニア州知事時代以来、「アメリカ」に父親をとられたという思いから発した反抗的ふるまいであった。

ナンシーにも強い反感を抱いていたパティだが、レーガン姓を捨ててパティ・デイビスと名のった。両親の遺伝子を残したくないと不妊手術まで受けていたにもかかわらず、父親がアルツハイマーだと知ると両親と和解した。彼女は九七年、ニューヨークからロスアンゼルスの両親の近くに転居、「放蕩娘」は帰還した。

アメリカが懐かしむ時代

レーガンは二〇〇一年一月、転倒して腰の骨を折って以来寝たきりとなった。目もあけずに横たわったまま、二〇〇四年六月五日、九十三歳で死んだ。その死が報じられると、レーガン家のあるベル・エア一帯は大渋滞を呈し、空を何機ものヘリコプターが飛んだ。

マーガレット・サッチャーはレーガンの退任から二年近くのち、一九九〇年十一月に十一年半つとめた英国首相を辞した。二〇〇八年、サッチャーは認知症で、十歳年長の夫デニスが亡くなったことも忘れている、と長女が公表した。亡くなったのは二〇一三年四月八日、八十七歳であった。直接の死因は脳卒中だが、認知症のほか膀胱がんを病んでいた。

一九八〇年代はレーガンとサッチャーが代表する、「富んだものはさらに富み、貧しいものはさらに貧しく」という「新自由主義」が主流となった時代であった。日本は自覚なしに「新自由主義」の発現である「バブル経済」に浮かれたが、その後遺症に苦しむという点では米英とおなじ、あるいはそれ以上であった。だが日本人は、アメリカの歴代大統領人気投票でレーガンがケネディを抜き、リンカーンさえも抜いて一位になるとは想像できなかった。やはり一九八〇年代は、アメリカ人の「帰りたい時代」なのだろう。

一九八〇年代のアメリカを代表する映画となった『バック・トゥ・ザ・フューチャー』に主演したとき二十四歳だったマイケル・J・フォックスは、三十歳でパーキンソン病を発病、以後長い闘病生活を送ることになった。

＊村田晃嗣『レーガン　いかにして「アメリカの偶像」となったか』(中公新書)を参考にした。

マーロン・ブランド

「天才俳優」は際限なく太る

〈映画俳優〉

■ Marlon Brando
■ 2004年7月1日没(80歳)
■呼吸不全

映画俳優マーロン・ブランドの晩年は幸福とはいいがたかった。

一九七九年、五十五歳のときフランシス・フォード・コッポラ監督の『地獄の黙示録』で、ベトナム戦争中に密林の奥でカルト集団を率いたカーツ大佐を演じて以来、ロサンゼルスのマルホランド・ドライブ高台の豪邸に逼塞《ひっそく》していたマーロン・ブランドは、九〇年五月十六日夜、自宅で銃声を聞いた。駆けつけた部屋にはマーロンの長男クリスチャンが銃を手に立っていた。

倒れていたのはクリスチャンの腹違いの妹シャイアンの恋人で彼女のお腹の子の父親、タヒチ島の有力者の息子ダグ・ドローレであった。最初の妻、女優のアンナ・カシュフィとの間に生まれたクリスチャンはこのとき三十二歳、シャイアンは三番目の妻、タヒチ人のタリータの娘で二十歳、マーロン・ブランド自身は六十六歳であった。

不肖の子たちの父

その日、夕食の席でシャイアンがクリスチャンにダグの暴力をこぼした。そのあとクリスチャンとダグは口論になり、クリスチャンの言によれば、もみあううち銃が暴発した。警察がきて、マスコミが押し寄せた。それまで隠者のように過ごしていたマーロン・ブランドだが、やむなく家の前での記者会見に応じた。記者たちは彼が一六〇キロにも太っていたことに驚いた。

マーロン・ブランドがクリスチャンにつけた弁護士は、元妻殺しの疑いでほとんど真黒なO・J・シンプソンに無罪判決を勝ちとったロバート・シャピロであった。マーロンは息子のために保釈金一千万ドルを支払ったが、それは、『ミズーリ・ブレイク』(七六年)、『スーパーマン』(七八年)、『地獄の黙示録』(七九年)、『ジェネシスを追え』(八〇年)で稼いだ金のすべてと同額であった。四作あわせて一時間ほどの露出にもかかわらず一作の出演料は百万ドル以上、ほかに興行収入の一パーセントを手にした。とくに『地獄の黙示録』の契約は、出演料三百万ドルのほかに興行収入の一一・三パーセントという法外なものであった。

結局クリスチャンは第一級殺人罪をまぬがれ、故殺で禁固六年、銃使用で禁固四年、合計十年の判決を得た。シャイアンは事件の翌月男の子を出産したが、その子には母親の薬物中毒の影響があらわれていた。九五年、シャイアンはタヒチの自宅で縊死した。二十五歳、その早すぎる晩年には父親と同様、相当に肥満していたという。やはり深刻な薬物依存のクリスチャンは四年半で仮釈放されたが、二〇〇八年一月、父親に遅れること三年半、四十九歳で亡くなった。

「舞台衣裳」はTシャツとジーンズ

マーロン・ブランドは一九二四年四月三日、ネブラスカ州オマハで、アイルランド系の父マーロン・シニアと母ドディ(ドロシー)の間に生まれた。一九二四年は大正十三年、マーロン出生の一週間前に日本では高峰秀子が、十日後に吉行淳之介が生まれている。

広域セールスマンのマーロン・シニアは、短気で女癖の悪い男だった。マーロン・ジュニアは陽気で芸術家気質の母ドディを愛したが、両親ともにアルコール依存症だった。父親は酔うと暴力沙汰を起こし、母親は飲んでたびたび家出した。マーロン・ジュニアの姉ふたりのうち、上は俳優になり、下は画家になったが、どちらも親譲りの飲酒癖がキャリアを損ねた。マーロンはアルコールからは自由だったが、そのかわり中年期以降に爆発的な過食症となった。

学校向きの性格ではないマーロンは高校を留年になり、陸軍幼年学校に入れられたが、そこも卒業しなかった。四三年春、十九歳でニューヨークに出て、グリニッジ・ビレッジ十二丁目のグループ・シアターの演劇ワークショップに参加して、ステラ・アドラーの指導を受けた。

最晩年のスタニスラフスキーにモスクワで指導を受けたというロシア系ユダヤ人のアドラーは、普段は愛想がなく落着きもないマーロンだが、その声真似のうまさ、アドリブのおもしろさに注目した。マーロンも自分のちょうど倍の年齢の彼女を慕った。あるいは、もたれかかった。二十三歳のとき彼はアドラーの夫ハロルド・クラーマン推薦で、テネシー・ウィリアムズ作、エリア・カザン演出のブロードウェイの芝居『欲望という名の電車』の主役に抜擢された。

それは、粗暴な、しかし性的魅力にあふれた南部の労働者、スタンリー・コワルスキー役であった。スタンリーを嫌悪しながらも次第に惹かれていく女性、ブランチ・デュボアを演じたのはジェシカ・タンディで、この作品はブロードウェイのバリモア劇場で、四七年十二月から連続五百回上演された。それまで下着と認識されていたTシャツと仕事着のジーンズを「舞台衣裳」とし、やがて普段着として流通させたのはマーロン・ブランドである。

彼は「役になりきった結果として自然に湧いてくる」アドリブのセリフを多用したが、それだけではなかった。舞台裏で出を待つとき、巨漢の舞台係とトラブルを起こして殴られ、顔になまなましい傷をつけたまま登場してみせた。

「リアルなアメリカ人」を演じる

『欲望という名の電車』は、おなじエリア・カザンによって一九五一年に映画化され、マーロン・ブランドの名前は世界的に知られた。ブランチ役は三十八歳のビビアン・リーである。この作品はアカデミー賞十二部門にノミネートされ、主演女優賞をはじめ四部門でオスカーを得たが、ブランド自身は、その不良ぶりが真に迫りすぎていたせいか主演男優賞を逸した。

『欲望という名の電車』は、『男たち』(五〇年、フレッド・ジンネマン監督)につづく彼の二本目のハリウッド映画で、三本目が、やはりエリア・カザン監督のメキシコ革命をえがいた作品『革命児サパタ』(五二年)である。

さらに、大型オートバイで示威行為を繰り返す不良集団のリーダーを演じた『乱暴者《あばれもの》』(五三年、ラズロ・ベネディク監督)を経て、港湾労働者と港の利権を握る暴力組織の対立をえがいた『波止場』(五四年、エリア・カザン監督)でオスカーの主演男優賞を得たときブランドの評価はさだまり、リアルなアメリカを表現する、リアルな映画俳優と認識された。ブランドは、ジェームズ・スチュアート、ジョン・ウェイン、ヘンリー・フォンダ、ゲーリー・クーパーらがつくりあげた、古典的でさわやかなアメリカ的ヒーロー像を過去のものにしたのである。

一九五〇年代の映画俳優志望者は、多くブランドに注目し目標とした。それはジェームズ・ディーン、ポール・ニューマン、アル・パチーノ、ロバート・デ・ニーロ、ダスティン・ホフマン、マーティン・シーン、ロイ・シャイダーらである。

一九六〇年代に入ると、マーロン・ブランドは下降・停滞した。

パット・ギャレットとビリー・ザ・キッドの伝説をえがいた西部劇『片目のジャック』(六一年)は、マーロン・ブランドの経歴に深い傷を残した。当初の監督はスタンリー・キューブリックであったが、おなじように天才肌で凝り性の俳優と四歳年下の監督がうまくいくわけもない。キャストの選定でブランドともめたキューブリックは降りた。自分で監督したかったブランドが喧嘩を売ったのだろう、と周囲は見た。

ブランド監督の『片目のジャック』は六〇年に一応の完成を見たが、製作費は当初予定の三百万ドルから倍の六百万ドルに達してパラマウント社を困惑させた。おまけに初号ラッシュのフィルムが五時間分もあった。彼には編集ができないのである。

六〇年代の倦怠

歴史映画『戦艦バウンティ』(六二年)でもブランドは失敗した。

「バウンティ」は戦艦ではなく艦長以下四十六名が乗り組んだ英国海軍の貨物徴用船で、一七八七年十二月にポーツマスを出航、喜望峰回りでタヒチに向かった。八八年十月、タヒチに着き、八九年四月まで滞在した。帰国の途についたときトンガ付近で、上級准士官フレッチャー・クリスチャンを首謀者とする「反乱」が起きて艦長ウィリアム・ブライを拘束、艦長以下十九名を救命艇にのせて海上に置き去った。タヒチに戻った「バウンティ」は希望者を退艦させ、クリスチャンらはタヒチ人とともにピトケアン諸島に向かい、そこで新生活を始めた。救命艇のブライたちは四十日余りかけてティモール島に到着、全員が生還した。

反乱の原因はブライ艦長の苛酷な指揮ぶりとされたが、タヒチを楽園と認識したクリスチャンら乗組員一部の帰国拒否が動機であったようだ。英国海軍が反乱者逮捕のためフリゲート艦を派遣したとき、すでに反乱者らは仲間割れや病気で多くが死亡していた。

この映画でもブランドは監督と対立した。最初は『第三の男』の巨匠キャロル・リードだったがブランドを嫌って降板、『西部戦線異状なし』で知られたルイス・マイルストンも降りて、最終的にはジョージ・シートンの名前がクレジットされたが、誰が監督なのかわからない状態で終った。製作費は二千七百万ドルに達してMGMは経営危機に陥った。初期の興行的成功と演技への高評価から「エキセントリックな」ブランドへの批判を控えていた批評家たちも、『戦艦バウンティ』を競って酷評した。

この撮影でタヒチが大いに気に入ったブランドは、のち百八十万坪ほどの広さのテティアロア環礁を買い取って自分の王国を築こうとした。しかしその膨大な投資は落ち目の彼を永く苦しめた。そのうえ『戦艦バウンティ』の撮影中からブランドは急速に太った。二十代前半には一七八センチ、七〇キロであったものが、六一年には一〇〇キロとなり、さらに日ごとに太る気配で撮影用衣裳はたびたび作り直された。

「ブランド神話」復活

一九六三年から七一年までにブランドは、十一本の映画に出演したが、多くは駄作であった。一九七〇年、三十一歳の若い監督フランシス・フォード・コッポラから出演オファーがあった。マリオ・プーゾのシナリオによる『ゴッドファーザー』でヴィト・コルレオーネ役を提示されたのである。一八九一年、シチリア島コルレオーネ村生まれ、その母親が自らの命と引換えに単身アメリカ行き移民船に乗せた九歳のヴィトはニューヨークのイタリア人街に定着して長じ、やがてマフィアのボスとなる。『ゴッドファーザー』第一作でえがかれるヴィトは、対日戦争開始時の四十九歳から六十五歳の死までである。

パラマウントの重役会がブランドの起用に難色をしめしたのは、彼の悪い評判に加え、このとき四十七歳のブランドに六十五歳の老人は演じられないと考えたからである。コッポラは、「マーロン・ブランドは神話的存在だ。彼が出演すれば映画そのもののステータスが上がる」と過呼吸で倒れるほどの熱弁で応じ、ついに重役会を折れさせた。ただし条件が付いた。出演料は五万ドル、「不品行」予防のための保証金供託、そのうえでスクリーンテストを行うという、かつての大スターには屈辱的な条件であった。しかしブランドはこれをのんだ。

コッポラは若い役者とビデオカメラマンをともなってブランド邸を訪れた。キモノ姿で金髪をお団子にしたブランドは、テストに際して口にクリネックスを詰めて頬をふくらませ、ヴィトはかつて喉を撃たれたという設定にして、わざと不明瞭な声で話してみせた。そのあとモニターを見て、「卑しい顔だが、奥に温かみがある」と自評した。

『ゴッドファーザー』撮入直前の七一年十月、ブランドはあるマフィアの一族四十人の会食に参加し、彼らが礼儀正しく上品であることに強い印象を受けた。「マフィア」「コーザ・ノストラ」といった単語を使わないという条件を課せられたコッポラは、「ファミリー」という言葉を多用して、それを映画の主題とした。

撮影現場でのブランドはプラスチックのマウスピースを含み、顔にはラテックスを塗りつけた。ラテックスは乾燥すると網状の線を浮き出させる。それがヴィトの皺である。靴には重りを入れて足どりを鈍く、耳栓で共演者のセリフをわざと聞こえにくくした。ブランドはそういう役作りをむしろ嬉々として行い、休息中も苦しそうなしゃがれ声で話した。そうして、ときにロバート・デュボール、ジェームズ・カーンら共演者の声真似をしてみせた。

だがブランドのセリフの入りは極端に悪かった。テーブルの上、手の甲、シャツの袖、ボウルの中のフルーツにまでキュー・カード(カンニングペーパー)をひそませなくてはならなかった。全米のボスたちとの会合シーンでは、スタジオに迷い込んできた人懐っこい老ネコをずっと膝の上で撫でながら、キュー・カードをさりげなく読んで芝居をした。

ヴィトの死は、自宅の庭で幼い孫と遊んでいたとき訪れるのだが、重要なシーンなのに子役が反応してくれない。そこでブランドは、オレンジの皮を割いてモンスターの牙をつくり、それを口の両端にくわえて突然振り返って見せた。すると子役はほんとうにおびえ、泣きながら走り去った。その直後、ヴィトは心筋梗塞の発作で倒れる。みごとな即興であった。この作品で彼は『波止場』につづいて二度目のオスカー(主演男優賞)を受けた。

『ゴッドファーザー PART II』の出演を打診されると、ブランドは一転してとてつもない出演料を要求した。やはり前作の出演条件に屈辱を感じていたのである。結果、コッポラはブランドをあきらめて脚本を根本的に変えることにした。ブランドには演じられない一九二〇年代の若いヴィトを設定し、その役はブランドの影響を受けたロバート・デ・ニーロのものになった。

七二年、ブランドはベルナルド・ベルトルッチ監督の『ラストタンゴ・イン・パリ』に出た。そこでマリア・シュナイダー相手に強烈なセックス・シーンを演じた。七九年のコッポラ作品『地獄の黙示録』が、「ブランド神話」を飾る最後の仕事となった。

没後「二十世紀最高の俳優」となる

九六年の『D・N・A/ドクター・モローの島』に出演したブランドは、ジョン・フランケンハイマー監督とのコラボにもかかわらず、最低映画を選ぶゴールデンラズベリー賞の最低助演男優賞を授与された。冷蔵庫に鍵をかけても、ステーキ二枚のあとにアップルパイ一枚全部食べてしまうような過食はやまず、この頃の体重は一八〇キロにおよんでいた。それでも七十代でさらに娘をふたりつくった。彼の子どもは、養子を含めて少なくとも十六人といわれる。

最晩年は誰とも会わず、ネットの世界に埋没し、昔仲違いした友人たちに長電話をかけて、くどくどと謝罪した。若い頃からの趣味であったアマチュア通信では「ブランドー」とフランス風のつづりで名のり、見知らぬ相手とつくり声で話した。マーロン・ブランドが呼吸不全で亡くなったのは二〇〇四年七月一日、八十歳であった。

彼は生涯で三十九本の映画に出演したが、五〇年代前半の三本(『欲望という名の電車』『革命児サパタ』『波止場』)はまさに画期的であった。六〇年代初めの二本(『片目のジャック』『戦艦バウンティ』)で大いに評判を落とし、七〇年代の三本(『ゴッドファーザー』『ラストタンゴ・イン・パリ』『地獄の黙示録』)で再び存在感をしめしたが、その後の四半世紀はなすところなく終った。没後、晩年にはハナもひっかけなかったメディアから、「二十世紀最高の俳優」(「タイム」誌)などの賛辞があいついだ。

フランソワーズ・サガン

早熟という「不運」

〈小説家〉

■ Françoise Sagan
■ 2004年9月24日没(69歳)
■ 心臓疾患

二〇〇四年九月二十五日、フランスの小説家フランソワーズ・サガンの死が伝えられたときの感想は、「まだ生きていたの?」であった。軽い驚きののちに覚えず自分の上を通過した五十年を思い、サガンの上にもおなじだけの時間が流れたのだ、とあらためて思いをいたした。

しかし年若い日本人は、さしたる感慨を持たなかっただろう。彼女は一九五〇年代の、鮮烈な、しかし遠い輝きであった。

一九五三年八月、『悲しみよ　こんにちは』を書きあげたとき、フランソワーズ・クワレーズは十八歳になったばかりだった。

その年、ソルボンヌ大の学年末試験の成績はひどいものだった。おとなにまじってカフェに入り浸り、まったく勉強しなかったから当然の結果であった。失望の色を隠さぬ両親を慰めるために、あるいは見返すために、彼女はひと夏かけて二百五十枚ほどの小説を書いた。

十九歳の「アンニュイ」

「キキ」とあだ名されたフランソワーズ・クワレーズが、マルセル・プルーストの作中人物からとった筆名フランソワーズ・サガンで発表した『悲しみよ こんにちは』はこんな小説だ。

主人公は十七歳の少女セシル。彼女は父親とその愛人、三人で地中海に面した南仏の別荘で夏のバカンスをすごしている。「六ヵ月おきに女を替える」父親は四十歳、今度の若い愛人はあまりものを考えるタイプではない。だからセシルは気に入っている。

そこにアンヌという中年女性が出現する。アンヌは父より二歳上、セシルが二歳のとき死んだ母親の友人である。「高慢で人生に疲れた、美しい顔」の持主のアンヌに、父親はたちまち魅了され、再婚を決意する。

それはセシルにとって重大な危機だ。友人であり、セックス抜きの恋人でもあるような父親、それに父親の若い愛人をまじえた呑気な暮らしが崩れ、アンヌによる管理の時代の始まりを意味するからだ。

セシルは自分のボーイフレンドと、父親に捨てられた若い愛人を使って、わざとアンヌを怒らせる。アンヌは怒りと悲しみを押し殺しつつパリへ向かって車を走らせ、途中で事故死する。

セシルに残されたのは、残酷な結末を演出したあとに生意気な少女が味わう、晩夏の「アンニュイ」である。

この作品は五四年の批評家賞を受け、彼女には「マドモアゼル・ラディゲ」というあらたな異名がたてまつられた。「恐るべき早熟さ」という意味である。フランソワ・モーリアックは彼女を「魅力的な小悪魔」と形容した。

『悲しみよ こんにちは』は二十五ヵ国語に翻訳されて世界的ベストセラーとなった。日本では五五年、朝吹登水子《あさぶきとみこ》が翻訳して出版、やはりよく売れた。世界的著名人となったサガンと親しんだ朝吹は、その後も『ある微笑』(五六年)、『一年ののち』(五八年)、『ブラームスはお好き』(六〇年)とサガン作品を翻訳して刊行した。朝吹登水子訳は八六年の『愛の中のひとり』までつづいたが、この年サガンは五十一歳、朝吹は六十九歳だった。

「フランス」という傷

戦前日本のフランスとフランス文学への好意と高評価は、大正時代の高村光太郎の詩と堀口大学の翻訳詞華集『月下の一群』に負うところが多い。彼らの仕事によって、パリは「芸術と芸術家の都」だと日本人は認識したのである。一八七一年、普仏戦争での無残な敗北以来、日本陸軍はフランスを範とすることをやめたが、その軍事的脆弱さも、むしろ「芸術親和性」には幸いした。

一方、戦後日本人のフランス・イメージの造形にもっとも多く貢献したのは『悲しみよ　こんにちは』だろう。

〈「あなたって変ってるわね」とアンヌが言った。本当に私は変っている〉

思春期には、どの国であれ「変っていること」が誇りであり、拠り所である。

フランスの恋愛小説はお洒落で上品、そのうえ早熟で「生意気」、そんな書きぶりが受けて、日本では高校文芸部の女生徒を中心に多くのエピゴーネンを生んだ。

その代表的な作品が原田康子『挽歌』(五六年)だろう。都市化が進行する戦後の釧路を舞台に、体に軽い障碍を持つ女の子が中年の建築技師を誘惑し、その妻を湿原での自殺に追い込むというお話である。

「レナール夫人。ジュリアン・ソレル。シモーヌよ森へ行こう。森のニムフは意地悪さ」

主人公の女の子は、北国の窓ガラスの曇りに、こんなことを指で書くのである。ここにもサガンの、また「フランス」の影がある。ガリ版刷りの同人誌から出発した『挽歌』は、やがて講談社の別名義である東都書房から刊行されて百万部近く売れた。

映画『悲しみよ　こんにちは』(五八年、オットー・プレミンジャー監督)も大ヒットした。セシルを演じたのは当時十九歳のジーン・セバーグで、男の子のように短く刈り込んだ髪型の生意気な少女であった。

「セシル・カット」と命名されたその髪型は、歌手の九重佑三子《ここのえゆみこ》やいしだあゆみに踏襲され、また「小悪魔」の部分は若い日の加賀まりこが体現した。岩谷時子作詞、宮川泰《ひろし》作曲、ザ・ピーナッツが歌って戦後の歌謡曲シーンを転換した「恋のバカンス」は、『悲しみよ こんにちは』の翻案といえた。

一九五〇年代の記憶

若くして成功する「少年得志」は、「人生三災」のひとつだという。あとの二災は、中年で親に死なれること、老いて妻に先立たれることである。

一九五〇年代のサガン作品はみな世界的ベストセラーとなったが、その後はしだいに自己模倣の気配をおびた。いつも「アンニュイ」では飽きがくる。「早熟」の結晶のようであった彼女を時代が置き去りにした。八八年以後のサガンの作品は朝吹登水子の娘、朝吹由紀子が邦訳し、最後の『逃げ道』(九七年)は河野万里子が訳したが、売行きは五〇年代に遠くおよばなかった。

サガンも年を取るのがヘタだった。二十一歳のとき自動車事故で瀕死の重傷を負った。二十三歳と二十六歳で結婚、二番目の相手とは男の子をもうけたが、どちらとも二年足らずで別れた。あまり感心しない取り巻きに囲まれていた彼女は、中年期になると過度の飲酒、賭博癖、スピード狂でタブロイド紙に話題を提供した。やがて麻薬常習で逮捕され、脱税で起訴された。

ジーン・セバーグの場合は、もっと悲劇的だった。六〇年、二十一歳のとき、フランソワ・トリュフォー原案、ジャン＝リュック・ゴダール監督の『勝手にしやがれ』でジャン＝ポール・ベルモンドと共演して映画史上に名前をとどめたが、その後は恵まれなかった。うつ病に苦しんだ末に、七九年、パリの自宅アパート近くの街路に駐車したルノーの中で亡くなっているのが発見された。アルコールとバルビツールを併せ飲んだ四十歳の死であった。

「幼形成熟」？

サガンはフランス北西部ノルマンディーのカルヴァドス県オンフルールの病院で、二〇〇四年九月二十四日、心臓疾患のため死去した。六十九歳だった。「早熟という不運」を背負った人にしては、よく書き、よく生きた。ただし幼形成熟という言葉を連想させるほど、少女のままで老いた。

三井系の著名な実業家・朝吹英二の孫である朝吹登水子は女子学習院を結核で中退ののち、一九三六年パリに行き、ソルボンヌで学んだ。戦後の五〇年に再渡仏、ボーボワールやサルトルと交遊した。二度結婚したが、最初の夫との間の娘が朝吹由紀子である。三兄の翻訳家・三吉の孫娘が作家の朝吹真理子、長兄の音楽家・英一の妻の妹が、保守政治家・石井光次郎《みつじろう》の娘にして日本鉱業創業者・久原《くはら》房之助の孫、シャンソン歌手の石井好子で、五歳下の好子とは本当の姉妹のように親しみ、パリ時代には共同生活をした。

朝吹登水子はサガンの死の一年後、二〇〇五年に八十八歳で亡くなり、その五年後、二〇一〇年に石井好子は亡くなった。すでにサガンの名前は年配者の遠い回想の対象となり、一九五〇年代まであれほど日本人に好まれたシャンソンもあまり聞かれない。

本田靖春

〈新聞記者、ノンフィクション・ライター〉

輝ける「戦後」の記憶

■ほんだ・やすはる
■ 2004年12月4日没(71歳)
■多臓器不全

本田靖春は元読売新聞社会部記者。一九七一年、三十八歳で退社後はフリーの書き手となった。おもな作品に『誘拐』(講談社出版文化賞・ノンフィクション部門)、『不当逮捕』(講談社ノンフィクション賞)、『私のなかの朝鮮人』、『警察《サツ》回り』、『私戦』、『ニューヨークの日本人』などがある。八〇年代には一時、大宅壮一ノンフィクション賞の選考委員をつとめたが、考え方の違いから四年で降りた。

本田靖春は、多病に苦しむ晩年を送った。

新聞記者時代の不規則で無茶な生活が祟ったか、早くから慢性下痢、難聴に悩まされ、四十歳代の終り頃には糖尿病と診断された。そのため一九九〇年、五十七歳で右目を失明、さらに心不全、歩行困難を呼び込む神経麻痺、狭心症と、病気・故障が相次いだ。

多病に苦しむ

九三年秋、六十歳からは人工透析を週に三回受けた。このときすでにC型肝炎を発症していたが、九八年には一センチ大の肝臓がんが見つかった。本人は渋ったものの、医者と妻の強い勧めで、エタノールを患部に注射してがん細胞を攻撃する治療を受けた。

C型肝炎と肝臓がんは、六二年、二十九歳のとき、当時輸血用血液のすべてを頼っていた「売血」現場への「潜入」取材が原因だから、いわば労働災害であった。血を売りに行き、使いまわしの採血注射針から感染したのである。

九九年夏には左目の硝子体が出血して両目失明の危機に襲われた。それまでどんな病気に対しても悠然とした態度を崩さなかった本田靖春が狼狽したのは、最後の一作と心に決めて「月刊現代」(講談社)に連載中の自伝『我、拗《す》ね者として生涯を閉ず』の稿を継げなくなることを恐れたのである。彼はその原稿を、命が続く限り、少なくとも千五百枚分は書くつもりであった。

幸い、レーザー治療で左目の出血は止まり、視力〇・一以下だが、倍率四のレンズを通してならなんとか執筆できるまでに回復して本田靖春は安堵した。

六十七歳の二〇〇〇年六月、今度は大量の下血に見舞われた。大腸がんであった。命が危ぶまれるほどの出血がおさまったあと、S字結腸を三〇センチ切り取った。だが術後、ひどい幻覚・幻聴に悩まされた。心筋梗塞の危険がみとめられ、脳梗塞の兆候があったのもこの頃である。

糖尿病の進行で足先に壊疽《えそ》を発症して、二〇〇〇年十二月には右足膝上から切断手術を受けた。二〇〇一年七月、今度は左足先に壊疽が生じ、やはり膝上から切断した。以後、ときに存在しないはずの足先の痛みに苦しみながらベッドと車椅子の人となり、週三回の透析を受けた。

入院は都合四十数回におよんだ。本田靖春は手術のたびに「月刊現代」の連載を中断したが、最後まで『我、拗ね者として生涯を閉ず』の稿を継ぐことに執着した。

「京城《けいじょう》育ち」

本田靖春は、一九三三(昭和八)年、朝鮮京城に生まれた。祖父は植民一世、長崎県島原地方の貧しさに耐えかねて一九一〇年の朝鮮併合以前に渡韓した。京城の外港である仁川《じんせん》に定着して靴製造を営み、やがて十人ほどの朝鮮人職人を使うまでに店を大きくした。

植民二世の父は、仁川商業から京城高等商業に進み、卒業して朝鮮総督府の役人となった。やがて三六年、北部朝鮮・城津《じょうしん》に本社を置いて高周波電撃精錬を行う製鉄会社・日本高周波重工業に転じて経理畑の道を歩き、四二年、課長に昇進して植民者上層の生活を築いた。

三世にあたる本田靖春は子守役の朝鮮人少女の背中で育ち、京城三中(城東中学)一年生のとき終戦を迎えた。戦闘も空襲もなかった朝鮮では、寝耳に水の終戦であった。

四五年九月、山口県仙崎に引き上げ、したたるような緑と海水の美しさに驚いた。オンドル用の焚き物に木を伐採しつづけた朝鮮は禿山が多く、黄海はいつも濁っていたのである。しかし同時に、肉体労働者もみな日本人だという事実に衝撃を受けた。それらは外地生まれ・外地育ちに共通した感覚であった。

祖父の出身地、島原半島南有馬町に仮の住まいを得て、地元の旧制中学に編入した。この学校で一番になったのは、引き上げ者を差別する田舎の中学生を見返すためである。本田靖春は、東京、大阪、名古屋、京都に次ぐ日本で五番目、モダン文化の大都市、京城育ちを誇りとしていた。

本田靖春は、その最晩年に書いている。

〈ついに私は、この土(日本)に根を張ることなく終わるが、日本を愛する気持ちにおいては、人後に落ちないつもりである〉

〈私が書く本はあまり売れない。なによりの理由は、私の力不足であろうが、「日本人」になりきれない、あるいは、なりきろうとはしないこの私が、疎ましく感じられたということも、いくらかは手伝っているかも知れない〉(『我、拗ね者として生涯を閉ず』)

しかし本田靖春の晩年以前から「ノンフィクション」は売れなかった。それどころか出版産業そのものが長期低落をつづけていた。そのおもな原因はネット化で、キーに触れることなく生涯を終えた本田靖春の想像力と実感を超えていた。いずれにしろ、「日本人」的であるかどうかは本の売行きに関係なかっただろう。

「社会部が社会部であった時代」

一九四六年秋、一年遅れて帰国した父が日本高周波重工業に復職したので、翌年初めに一家をあげて上京、東京西郊甲州街道沿いに建つ旧宮家の広大な家に、他の引き上げ者家族らと混住した。彼自身は世田谷の都立千歳中に編入、新制千歳高校となって卒業した。

本田靖春は早くから新聞記者、それも社会部記者になりたいと望んでいた。大学は早稲田の政経学部新聞学科に進み、五四年秋、読売新聞の試験を受けた。新聞不況のその年、朝日新聞の採用試験はなかったが、それだけが読売を選んだ理由ではなかった。

同年、ビキニ環礁での米水爆実験で被曝した漁船・第五福竜丸を特ダネで報じたのは読売だったし、当時、読売社会部が紙上で展開していた組織暴力一掃をうたう「新宿浄化キャンペーン」に強く刺激され、「読売の社会部に入って、おれもキャンペーンを張ってみたい」と思ったのである。早稲田の新聞学科五十人のうち、試験に合格して翌五五年新聞社に入社したのは本田靖春ともうひとりだけ、両者とも読売だった。

入社して間もなく、甲府支局に配属された。だが、明治時代の新聞記者の蔑称「羽織ゴロ」そのものではないかと思われる地方支局の旧弊ぶりに腹を立て、無断で帰京した。社を辞めるつもりだった。しかし社会部記者には未練があったので、朝日新聞の試験を受け直そうと考えたが、先輩記者の懇切な忠告にしたがって社にとどまることにした。

「社会部が社会部であった時代」とは、本田靖春がしばしば書いているフレーズだ。それは一九五〇年代から六〇年代前半、昭和でいえば三十年代、「新聞は向かうところ敵なしの状態で、わが世の春を謳歌した。言論の自由は民主主義の根幹であり、新しい日本の金科玉条とされていて、逆らうものはなかった」時代を指す。先輩たちに「生意気になれ、生意気になれ」と教育されながら、若い本田靖春は社会部記者であることを誇りに思いつつ働いた。

サツ回りで東京六方面(上野・浅草署など)を担当していた六二年五月三日夜、死者百六十人、重軽傷者三百二十五人という常磐線三河島の列車二重衝突事故の現場に一番乗りし、適切に対応して他紙に先んじた。その一方、浅草カジノ座の楽屋に入り浸ってストリップと軽演劇の人間模様を、当時のトップスター「ローザ・ユキ」を中心に連載読み物に仕立て、読者の人気を博した。

できる、書ける、と評判を得た本田靖春は、二十七歳の若さでサツ回りをあがり、もっとも若い「遊軍記者」となった。彼が宿願の「キャンペーン」対象として注目したのは「売血」であった。

大蔵省を動かした「恐喝」

それまでいわゆる「ベッドサイド輸血」に限られていた輸血が、不特定多数者から血液を集め、病院の要求に応じるという「血液事業」にかわったのは一九五二年であった。それが六二年には年間輸血需要六十万リットル、開始十年で三百六十倍に達していた。

その厖大な需要は「売血」で満たされ、採血用注射針の使いまわしなどによってC型肝炎(当時は「血清肝炎」)の感染が大量に起こっていた。また、ひと月に二十回(一回四〇〇cc、当時四百円)以上も血を売る職業的売血者の血液は、体内造血が追いつかないため比重小で本来の赤味を失い、「黄色い血」と呼ばれた。そんな不自然かつ劣悪な血液が輸血の九九・五パーセントを占め、先進各国から見下される状況だった。

六二年秋、二十九歳の本田靖春は労働者に変装して山谷《さんや》に入った。当初は、「あんた、やりすぎだよ。そんな汚いかっこうのやつは今どきいないよ」とドヤの主人に笑われるような風体だった。そうして、やや高級、一泊百二十円のドヤに滞在して自ら血を売りながら売血の実情を取材して記事を書いた。

不足していた知識を蓄え、満を持して「キャンペーン」を再開したのは六四年五月であった。朝刊社会面トップの見出しは、「黄色い血の恐怖」。本田靖春はこのキャンペーンで「血清肝炎」をもっぱら「脅しの道具」に使ったというが、実際それはひどい被害をもたらした。

感染して二十年から三十年後にウイルスは暴れ出し、致死的な肝臓障害を誘発するのである。一九五〇年代、結核の外科手術で輸血を受けた患者の多くは、そのような経過をたどった。本田靖春は、自分も後年その列に加わるとは思いもしなかったが、キャンペーンの効果は絶大だった。六二年には〇・五パーセントにすぎなかった献血が、六四年五月には六・四パーセント、七月には九・七パーセントと上昇した。

七月、移動採血車を全国に配備するための予備予算を承認させようと、本田記者は大蔵省主計局次長に面会した。最初はまともに相手になろうとしなかった高級官僚に、三十一歳の本田靖春記者はいった。「では、大蔵省に悪者になっていただくしかありませんね。私はこれまで、厚生省に向かって七十二本の原稿を書いてきました。これから社に帰って、大蔵省は献血の敵だという原稿を七十二本書きます」

主計局次長は気色ばんだ。

〈「なんだね、これは。君が取材だというから会ったのに、恐喝じゃないか」

「恐喝でけっこうです。献血運動が盛り上がろうとしているこの機会をはずしたら、日本から売(買)血をなくすことは出来ないんです」〉(『我、拗ね者として生涯を閉ず』)

本田の言葉に考え込んだ主計局次長は、結局予備費を出すと決断した。そのことを厚生省は信じなかったが、八月二十一日、一般会計から八五〇〇万円が拠出され、十一月、献血車二十二台が配置された。そうして政府は、献血を国策とすることを閣議決定した。

すると、保存血液の六〇パーセントを占有していた「日本ブラッドバンク」は「ミドリ十字」と社名を改め、売血業務縮小の姿勢をしめした。日本ブラッドバンクなどからのキック・バックを目的に、それまで献血の受け取りを拒否してきた病院は、読売新聞が調査してリスト化し、紙面に掲げることで肩身をせまくした。

キャンペーンは六五年までつづけられたが、その六五年に一九・六パーセントだった献血率は、六六年、四九・九パーセントに急上昇し、同年ミドリ十字は採血部門から撤退した。新聞「キャンペーン」の完勝であった。社会部遊軍記者・本田靖春の手柄であった。その後ミドリ十字は、アメリカなどからの血液製剤の輸入に重点を置き、やがてＨＩＶ感染症をもたらすことになるのだが、それはまた別の話である。

「昭和」が明るかった頃

一九六四年は東京オリンピックの年である。本田靖春は「献血キャンペーン」の合間に五輪取材も担当した。

東京五輪閉会式は十月二十四日であった。彼はその日の夕刻、国立競技場での閉会式の「秩序ある混乱」を目撃し、以下のような「雑感」記事を「勧進帳」で電話送稿した。

歌舞伎『勧進帳』の「安宅関《あたかのせき》」の場で、山伏姿の一行が北へ落ちのびる義経とその一統ではないかと疑われたとき、とっさに弁慶が白紙の巻物を、あたかも「勧進帳」であるがごとくに朗々と読み上げて危地を脱する。そこから原稿なしの電話送稿をそう呼ぶのだが、本田靖春の「勧進帳」はつぎのような記事になった。

〈選手入場――それはもう、式次第でいう「選手入場」などというものではない。その先頭は、歓声をあげ勢いよくかけこんできた若ものたちの一団だった。／白い顔も、黒い顔も、黄色い顔も……若ものたちはしっかりスクラムを組んで一つになり、喜びのエールを観客とかわしながら、ロイヤル・ボックスの前を〝エイ、エイ〟とばかりに押し通った〉

本来はベルリン五輪につづいて四〇年に開催されるはずだった東京五輪だが、欧州大戦勃発のため中止となった。それから二十四年、五輪を目標に新幹線の運行は始まり、川と運河の上に首都高速道路を建設した東京の風景は一変した。そんな「破壊的建設」とともに実行された東京五輪は、日本と日本人にとって、戦争と敗戦と占領の、真の終結儀式であった。

十月二十四日の閉会式は、整然たる開会式とは正反対の様相を呈した。行進誘導の失敗からといわれるが、黄昏の国立競技場で、各国選手たちの期せず算を乱した行進・歩行・流動は、まさに「感動的混乱」であった。

本田靖春の「勧進帳」はつづく。

〈ロイヤル・ボックス前で標旗をささげ持つ謹厳そのものの自衛隊員のわきに自分も直立不動、仲間に記念撮影をうながしている若ものがいる。その記念撮影にカメラを向ける別の若ものたち。

いろとりどりの服装が照明の中でないまぜになって、東も西も、南も北も、ここにはない〉
〈「世界は一つ」と聞かされてきたわたしたち。そのことばは、あまりにも美しい響きのゆえに、かえってそのウラに大きな虚偽を隠しているのではないか――としか受けとれなかった。しかし、いまわたしたちの前に、すばらしい光景が展開されている。肌で分ける壁もない。主義、思想の別もない。みんなが、肩を組み、いちように笑い、同じく手を振り続けて……〉

記事の末尾は、このようだった。

〈東京オリンピックは、ほんとうに大成功だった。電光掲示板に「サヨナラ」の文字があった。この使いなれたことばが、この夜ほど効果的に人びとの心をつないだことは、かつてなかったように思う〉

戦後日本の頂点と社会部記者本田靖春の頂点は、このときぴたりと重なった。

三十七歳で離婚・退社

六六年末、本田靖春はヨーロッパに派遣された。各国を巡って、それぞれの国の象徴的な女性を取り上げ、日曜版のカラー・フロントページに十回連載せよという社命であった。それは、本田の友人でもある朝日新聞の深代惇郎《ふかしろじゅんろう》らが連載して好評を博した「名作の旅」の向こうを張る企画で、本田は駆け足でヨーロッパを巡りながら東京に原稿を送った。取材費と取材時間は朝日にはるかにおよばなかったが、六七年一月から掲載された記事は好評だった。

だが、この頃すでに彼は退社を考えていた。理由は、新聞事業よりも大型アミューズメント施設や催事に興味を持つ読売社主・正力松太郎が、それらを記者に取材させることへの不満であった。正力に対してというより、正力の意を諾々と迎える編集幹部たちに耐えがたい嫌悪感を抱いたのである。退職日時を七〇年三月末日以降と予定したのは、退職金を満額受け取るためであった。しかし満額でも百四十万円にすぎない。

六九年四月、本田にニューヨーク特派員の辞令が出された。それは退社を思いとどまらせようとした先輩記者らの工作の結果であった。アメリカでは月面着陸したアポロ11号の打ち上げ現場に立ち合ったが、翌年春、任期半ばで帰国した。

この時期、彼は最初の妻と別れている。相手はもともと良家の娘だったが、家庭内の不和から高校一年で学校を退き、美しい肢体を利して日劇ダンシングチームのダンサーとなった。

知りあったとき本田は大学三年、相手は十七歳であった。彼は彼女を短大に入れ、幼稚園教諭養成コースの学費を負担した。しかし、入社一年目の本田が甲府支局にいたとき、彼女は勤め先の幼稚園をやめて銀座のキャバレーに移り、売れっ子となっていた。そんな彼女との「教育的同情結婚」は六一年秋、本田二十八歳、相手二十五歳のときである。

結局、彼女は本田に「善導」されなかった。家庭生活にまったく不向きの彼女と長期間、事実上の別居をつづけたが、七〇年暮れ、妻がこしらえた複数のサラ金からの借金が明らかになると、それを整理したうえで離婚に踏み切った。二人の子どもは本田が引き取った。その後、本田の書き手としての生活を支え、その最後を看取ることになる早智夫人と再婚した。

本田靖春が読売新聞を退社したのは当初の心積もりの約一年後、七一年二月、三十七歳のときである。退社を知った深代惇郎が、ウチ(朝日新聞)に来ないかと誘ったが、〈私は生涯「読売OB」の看板を背負い続ける。それが、私の誇りであり、古巣に対する愛着心の表明でもある〉とする本田は、好意を謝しつつ、あえて困難なフリーの道を選んだ。

『私戦』に見る「戦後的」情緒

一九六八年二月二十日、在日コリアン二世の金嬉老(きんきろう=キム・ヒロ)が清水市で暴力団員二名をライフル銃で射殺した。彼らに撃ち込まれた弾丸は計十発、暴力団員の一人は未成年であった。このとき三十九歳の金嬉老は、ライフル銃と実包約五百、ダイナマイト七十三本を持って静岡県の山奥、寸又峡《すまたきょう》温泉「ふじみや旅館」に、経営者一家と宿泊客を人質に立てこもった。

籠城した金嬉老が、日本人、とくに警察による朝鮮人差別が事件の原因だとして謝罪を要求すると、すぐに作家や大学教授をはじめとする支援者グループが名のりを上げた。現地に乗り込んだ彼らと犯人が会食したり、旅館の窓からライフル銃を撃ってくれというテレビ局の要求に犯人が応じるなど、事件は異常な展開を見せた。この間、金嬉老は威嚇射撃を百発以上行い、ダイナマイトを六本以上爆発させた。籠城八十八時間、「記者会見」に応じた金嬉老に、記者に偽装した複数の警察官が飛びかかって逮捕、事件は終った。

本田靖春はまだ読売社会部の遊軍記者だったが、取材には出向かなかった。しかし記者たちの送ってくる記事が「事件原稿」の域を一歩も出ていないことが不満だった。「事件原稿」とは警察の見方に根拠を置いた記事のことである。

「金嬉老事件を私たちの社会が抱え込んでいる差別問題とのからみで見ないことにはその本質が読者に伝わらない、という私のかぼそい主張は、殺人犯を擁護するものであるとして、職場でかき消されてしまった」(本田靖春『私戦』)

それが植民者三世として京城で育った本田靖春のセンスであり、贖罪意識のあらわれであった。事件から十年、すでにフリーとなっていた本田靖春は、若い二人のフリー記者の協力をあおいで取材し直し、一九七八年二月、『私戦』を潮出版社から刊行した。それは金嬉老を、不当な「民族差別」に実力で抗議した者と見る本であった。

一九七二年、静岡地裁は金嬉老に無期懲役の判決を下した。高裁、最高裁と弁護側の控訴は棄却され、七五年、一審判決が確定した。しかしこの間、静岡刑務所未決監独房での「特別待遇」が明るみに出た。金嬉老の独房は施錠されておらず、散歩・面会は自由、それどころか、出刃包丁、ヤスリ、ライターなどを房内に持ち込んでいたのである。

金が看守の小さな規則違反をタテにとって脅し、それがエスカレートした結果であった。そのような特別待遇が刑務所上級職員の「申し送り事項」となっていたのも、金の脅しに屈した結果であった。包丁を差し入れたとされる看守はのちに自殺したが、金嬉老は自分が自殺に追い込んだ相手に対し最後まで無関心であった。

九九年、韓国に強制送還して二度と日本に入国しないことを条件に、彼は仮釈放された。韓国では「民族差別に抵抗した英雄」として当初大歓迎されたが、翌年、日本で獄中結婚していた女性が、金嬉老に韓国政府が与えた「生活定着資金」を着服して逃走した。同年、金嬉老(母方の「権」に改姓)は、韓国で知りあった愛人の夫の殺害を計画、相手の家に凶器を持って押し入って怪我をさせたうえ放火して逮捕された。韓国での金嬉老英雄視は霧散した。晩年の彼は、日本への「帰国」を切望したが、在日する親族の強い拒絶もあって実現せず、日本を恋いながら、二〇一〇年三月二十六日、前立腺がんで亡くなった。八十一歳であった。

事件は金嬉老の性格によるところが大きく、「民族差別」への抵抗云々は、おもに金が事件後に援用した理屈であった。その意味では、本田靖春『私戦』は見当はずれといえたが、一九八〇年代なかばまでつづいた在日コリアンとその「ナショナリズム」への情緒的アプローチもまた、きわめて戦後的な現象であった。

「社会部記者」として生涯を閉じる

二〇〇四年十一月二十二日、「月刊現代」（講談社）の編集者・乾智之は渋谷区の病院に本田を訪ねた。『我、拗ね者として生涯を閉ず』の最終回の原稿を受取るためであった。病院の玄関前に車椅子をとめてタバコを吸っていた本田は、乾に「申し訳ないんだけど、あと一回書かせてほしい」といった。「俺は死なないよ。死なないから」と本田靖春はつづけた。「手術の前に書き上げるよ。もし右手が書けない状態になっていたら、そのときは残りを口述筆記でもいい」

「あと一回」で、彼は講談社の編集者たちへの感謝の思いをしるすつもりでいたのである。

本田靖春は読売新聞を辞めてフリーとなり、最初は文藝春秋の雑誌に多くの原稿を発表した。「諸君！」「文藝春秋」の編集長をつとめた田中健五とのあいだの信頼関係ゆえである。しかし、やがて文藝春秋の「右傾化」に疑問を抱いて距離を置いた。「植民地生まれ」の「潔癖性」が、フリーとして得がたい舞台を捨てさせたのである。そんなとき原稿を注文してきたのが「週刊現代」をはじめとする講談社の雑誌であった。

しかし一九八〇年代後半、本田靖春は講談社の写真週刊誌「フライデー」を痛烈に批判した。「もう講談社から縁を切られるのは間違いない」と覚悟したが、その後も講談社の編集者たちは本田に新しい企画を提供し、原稿を注文してきた。本田自身が最後の作品と決めた、自伝的戦後ジャーナリズム史『我、拗ね者として生涯を閉ず』も「月刊現代」連載であった。

だが、すでに糖尿病の魔は右手にもおよんでいた。指先が壊死してひどい痛みに襲われ、二〇〇四年七月から九月まで休載、十月、ようやく一章分を書いた。そんな状態に至っても口述筆記を嫌がったのは、手書きの原稿にこそ魂がこもるという信念からであった。乾智之が瞥見した本田の右手人差し指は、壊疽で黒く変色し、第一関節から先は焼けた小枝の先のようであった。中指、小指、掌側部も黒い。右腕も切断と決まり、転院先も決まっていた時期である。

本田はここに至ってようやく万年筆での執筆をあきらめ、弱い筆圧でも書ける水性ボールペンで二百字詰め原稿用紙に書いた。その文字は、マス目をはみ出すほど大きかったが、解読に堪えた。

二〇〇四年十二月四日、本田靖春は危篤状態に陥り、同日午後に亡くなった。最後は多臓器不全に加え、脳梗塞も発症していた。七十一歳であった。「社会部が社会部であった時代」に新聞記者であったことを懐かしみ、かつ誇りに思いつづけた男は、昭和戦後の頂点と自らの頂点が一致した瞬間の幸福な記憶を抱いて去った。

2005年に死んだ人々

星ルイス
阪田寛夫
岡田史子
ロック岩崎
貴ノ花(初代)
杉浦日向子
仰木　彬

星ルイス

「世の中に不足するもの、水とアブラとあんたの背丈」

〈漫才師（星セント・ルイスの小さい方）〉

■ほし・ルイス
■2005年3月10日没(56歳)
■肺がん

星ルイス（本名・藤江充夫）は東京生まれ、小さい頃から力士になりたかったが、身長の伸びが一五三センチでピタッと止まったのであきらめた。志望を「お笑い」に改めて、高校を出ると漫才師、晴乃《はるの》ピーチク・パーチクのカバン持ちになった。

しかし一九七一（昭和四十六）年、師匠コンビが解散したので獅子てんや瀬戸わんやに預けられた。するとその弟子で、当時内藤陳の「トリオ・ザ・パンチ」にいた長身、一七八センチで痩身のセント（本名・村山袈裟夫《けさお》）がルイスに目をつけ、いっしょに漫才をやろうと誘った。二人は一九四八年の同年生まれだった。コンビ結成を日劇の楽屋で師匠に報告したとき、舞台で「セントルイス・ブルース」が演奏されていたので、獅子てんやが「星セント・ルイス」と命名した。

星セント・ルイスはその舞台衣裳から異色だった。ルイスはスーツ姿だったものの、漫才コンビは派手な色のスーツに蝶ネクタイのお揃いというそれまでの常識を破り、セントはノーネクタイどころか革ジャンパーにタイトなパンツ姿で現れ、ベテラン芸人たちの顰蹙《ひんしゅく》を買った。

舞台では、長身のセントが早口でまくしたて、小柄なルイスがそれを受けながら、やや遠慮がちに突っ込むという芸風であった。元来「新劇」に志があって高卒後長野から上京したセントは、漫才のセリフに「スタニスラフスキー」といった言葉やシェークスピア劇からの引用をまじえたりして、速度感ある「不条理劇」の気配を加えた。ルイスは、そんなセントの、過激さ、あたらしさ、クサさについて行くしかなかった。

度が過ぎた「不仲」

星セント・ルイスは不仲なコンビとしても知られた。舞台での芸はちゃんとやっても、引っ込んだとたん、楽屋で芸のタイミングや動きを互いに批判し合い、ときに怒鳴り合った。

「コンビの仲が悪いほど芸はうまい」といわれるものの、彼らは度が過ぎていた。台本や客の気を引くフレーズづくりはセント主導だったが、小太りで円満な印象のルイスも気が強く、簡単にはセントの言いなりにならなかった。

劇場以外で二人は口をきかず、とくに舞台を降りたセントの無口ぶりは、はなはだしかった。

「唯一、口を開けるのは、欠伸《あくび》をするときだけ」と本人が書いている。

「コックさんが、家に帰ってまで料理を作らないように、力士が、自分の家で塩をまかないように、芸人も同様、家では、冗談を飛ばしたり、バカな顔を作ったりは、殺されてもしないものである」(星セント「おかしくない」、「現代」一九九一年三月号)

星セント・ルイスは一九七七年、NHK漫才コンクールでビートたけしのツービートをおさえて優勝した。八〇年には「激突! 漫才新幹線」で大阪の横山やすし西川きよし、B&Bに対抗する東京代表として澤田隆治《たかはる》に選ばれた。その年、フジテレビを中心に漫才ブームが起き、セント・ルイスは脚光を浴びた。

「弁が立つ、腕が立つ、田園調布に家が建つ」

「俺たちに明日はない、キャッシュカードに残《ざん》はない」

「すぐ捨てよう、夢と希望と卒業証書」

「世の中に不足するもの、水とアブラとあんたの努力」

みなセントが考えたフレーズだが、最後の「世の中に不足するもの」を、セントは「水とアブラとあんたの背丈」に変えて舞台上でルイスをいじった。

一時は東京漫才のトップを走っていたセント・ルイスだが、プロデューサーの澤田隆治や漫才ブームの仕掛け人、フジテレビの横澤彪《よこざわたけし》とも折合いが悪かったためか、露出はやがて激減した。

死に方だけは息が合った

二〇〇一(平成十三)年十二月であった。大きい方のセントは舞台上でまったく声が出なくなった。肺上部にできた四センチ大の腫瘍が、右咽喉を圧迫して声帯麻痺を起こしたのである。一日六十本は吸ったというタバコのせいか。〇二年三月下旬、三十七時間を要した右肺の全摘手術を受けた。六月、喉と声帯の補正手術を行った。

「何が奇跡かというと、肺ガンを早期に発見できたこと」とセントは、術後回復期に週刊誌インタビューでこたえている(「女性自身」〇二年九月十七日号)。漫才で始終喋っていたからこそ声の不調を体感できた、それが「早期発見」につながったという意味なのだが、事実は違っていた。まったく「早期」ではなかった。

入院中、二十年間別居しつづけているという妻が見舞いに訪れたが、セントは会わなかった。そうして〇三年五月、もう漫才はできないとして三十二年間のコンビ、星セント・ルイスの解散を表明した。ルイスに相談はなかった。セントが肺がんで亡くなったのは、〇四年七月二十二日、五十六歳であった。

発病前のセントは、初志のごとく舞台でイヨネスコ『授業』などに出演していたが、根っから漫才好きであったルイスも俳優に転じ、ベケット『ゴドーを待ちながら』の舞台やNHKテレビの大河ドラマ『新選組！』(〇四年)などに出演した。しかしセントとルイスは、その晩年期にはまったく会うことがなかった。

小さい方のルイスは五十歳をすぎて離婚、埼玉県内のアパートで一人暮らしだったが、〇五年三月二日夜、実兄に肺がんで入院したと本人から電話があった。

兄が駆けつけるとルイスは、具合が悪いのに怖くて病院に行けなかった、と述懐した。そのX線写真では肺は真っ白、肝臓やリンパ節にも転移していた。突っ張る性格の弟だったのに、すっかり変わり果てた姿に兄は愕然とした。電話からわずか八日後の二〇〇五年三月十日、ルイスは亡くなった。

週刊新潮の訃報欄「墓碑銘」に掲載されたルイスの顔写真は、いつ撮ったものか、かつての面影なく痩せて細く、セントの写真と取り違えたのではないかとさえ思われた。セントは一九四八年一月生まれ、ルイスは同じ年の十一月生まれでセントが一学年上なのだが、ルイスは七ヵ月半後、同じ病気、同じ五十六歳で、まったく反りの合わなかった相方の後を追った。

阪田寛夫

「かわいいね」サッちゃん

〈作家、作詞家〉

■さかた・ひろお
■2005年3月22日没(79歳)
■うつ病、肺炎

阪田寛夫は小説家。しかしその作品はあまり知られてはいない。父親の職業は？　と問われた娘が、小説家です、とこたえると、ではペンネームは？　と問い返される。本名のままです、というと、誰もが同情混じりの曖昧な微笑を浮かべる。『土の器』という作品で芥川賞(第七十二回、昭和四十九年下半期)をもらったんですけど、といえば、人はいちおう驚くが、たいてい『砂の器』(松本清張)と混同している。『土の器』は阪田の個性的な母親の伝記的小説、それに先行した『音楽入門』は、キリスト教会と音楽に終生愛着した父親の伝記的小説であった。

この娘は一九五二(昭和二十七)年生まれの長女、結婚して内藤姓となった啓子である。四歳下の次女が阪田なつめ、のちに宝塚歌劇団の花組トップスターとなった大浦みずきだ。後年は大浦みずきの父親といった方が通りのよかった阪田寛夫だが、子どものうた『サッちゃん』を作詞した人といえば誰もが懐かしげにうなずく。

〈サッちゃんはね　サチコって　いうんだ　ほんとはね
だけど　ちっちゃいから　じぶんのこと　サッちゃんて　よぶんだよ
おかしいな　サッちゃん〉

「サッちゃん」

阪田寛夫が『サッちゃん』を発表したのは一九五九(昭和三十四)年三十四歳のときで、作曲は大中恩《めぐみ》、阪田の一歳上の母方の従兄である。大中恩の父も作曲家、三六年、最初期のNHK「国民歌謡」で島崎藤村の詩『椰子の実』に曲をつけた大中寅二である。

五一年秋、二十六歳で大阪朝日放送に入社して「うたのおばさん」で知られた松田トシ(敏江)のラジオ番組を制作していた阪田寛夫が、番組の十周年コンサートのために大中恩とつくったうちの一曲が『サッちゃん』であった。一番の歌詞の最後の部分は、「おかしいな　サッちゃん」なのだが、多くの人は「かわいいね　サッちゃん」とごく自然に間違えて歌った。

「サッちゃん」のモデルは自分ではないかと思う人は少なくない。そういいたくなるかわいらしさ、追憶の感傷がこの歌にはある。阿川佐和子もそのひとりだったが、根拠があった。

五七年、三十二歳になる阪田寛夫はラジオ局の東京支社勤務となり、一歳下の妻トヨと六歳と二歳の娘たち、家族四人で中野区鷺宮《さぎのみや》の団地に入居した。奥行百メートル、幅五十メートルほどの団地としては小ぶりな敷地に、二階建てを二軒でタテ割りにした「メゾネット」形式の家が並んでいた。その一軒に阿川弘之一家は前年暮れから住んでいたのである。

両家の子どもたちはすぐに親しんだ。とくに阿川家の佐和子と、その一歳上、阪田家の啓子との仲の良さは格別だった。まだ小さいなつめは佐和子を、まわらない口で「さばこちゃん」と呼んで懐いた。だから五九年に六歳で、よく阪田家に遊びにきていた阿川佐和子が、「サッちゃんは、ね、サワコというんだ、ほんとはね」だと思っても不思議ではなかった。

阿川家の父は短気ゆえに「瞬間湯沸かし器」と異名された小説家・阿川弘之、執筆中に子どもたちが表で騒ぐとすぐに怒鳴りつけた。おなじ仕事なのに「阪田おじちゃん」は怒らない。二階の書斎でひっそりとお仕事をしている。それでいて阪田家にはいつも音楽がある。阪田のおばさんが手づくりした、びっくりするほどおいしいイチゴのショートケーキがある。阪田家は阿川佐和子の憧れの家であった。なのに、阪田のおばさんとおじさんは、ときどき激しい夫婦喧嘩をする。大阪弁の罵りことばがとびかう。そうして阪田のおじさんはいつも負ける。

壮烈な夫婦喧嘩の原因は阪田寛夫の「浮気騒ぎ」であった。素面《しらふ》の阪田寛夫と、酒を飲んだときの彼は別人としか思われないほどに違っていて、その結果が「浮気」につながるのである。

阿川佐和子は、二〇〇三年三月、阪田寛夫が亡くなる二年前に連載インタビュー「阿川佐和子のこの人に会いたい」(「週刊文春」二〇〇三年三月二十七日号)に阪田本人を招き、「サッちゃん」の「ホントのモデルは?」と尋ねている。

阪田はこたえた。

〈「僕が通ってた幼稚園の一年上に、サッちゃんという女の子がいてね。言葉の響きがいいし、風のように速く走るし、ちょっと淋しいようなところがあったから、その子の名前を借りたんです」

「やっぱり私じゃなかったのか(笑)」〉

幼稚園はキリスト教の南大阪教会附属幼稚園、阪田寛夫はその第二期生で、「サッちゃん」のモデルは第一期生であった。第三期には一歳下の吉田トヨという、これも軽快で気の強い女の子がいた。阪田寛夫が一年先に帝塚山学院小学部に進むと、トヨは「家来」であったはずの寛夫に先を越されたと大いに憤慨した。そのトヨと阪田寛夫はのちに結婚することになる。

祖父から受け継いだ性格

一九二五(大正十四)年生まれの阪田寛夫は、大阪の坊っちゃんであった。

祖父が始めた新聞印刷用インキ工場は、大阪の新聞産業とともに成長した。「山っ気がある」「器用貧乏」「酒飲み」「女性好き」それでいて「気弱」という寛夫の性格の多くは祖父から受け継いだ、と内藤啓子による寛夫の評伝『枕詞はサッちゃん』にある。以下、この本による。

その息子、東京高等工業(のち東工大)に学んだ寛夫の父は高速輪転機用インキを開発、三三年に株式会社阪田商会とした。経営者として才覚のあった父は、同時にキリスト教と西洋音楽に傾倒し、晩年には寛夫が育った大阪・阿倍野の七百坪もある家屋敷を売り払って奈良・学園町に教会を建て、周囲の分譲住宅を信者の家として買った。

九歳上で何事もよくできる兄一夫とは正反対の「ヨワミソ」(弱虫)で「チョケ」(ふざけ癖のある子)の寛夫は、南大阪教会附属幼稚園から作家・庄野潤三の父が学院長であった帝塚山学院小学部に進み、五年生のとき宝塚少女歌劇の男役大スター葦原邦子を見て魅せられた。旧制住吉中学二年で洗礼を受けたが、戦争対備の国家社会主義に傾く時代相のなか、「外に向ってはキリスト教徒たることをひたかくしにかくし、内に向っては好色であることをかくし」(阪田寛夫「自筆年譜」)た。

戦争中の四三年、旧制高知高校に進んで三浦朱門と寮の同室となった。阪田に、ウィリアム・サローヤンや織田作之助のおもしろさを教えた三浦は、大阪出身なのに標準語を使おうとする阪田に、「東京弁には生活の手垢がついてえへん。ようそないな、岩波書店みたいな言葉使いよんなあ」と笑った。しかし、阪田がこっそり書いていた詩の巧まぬユーモアには感心した。「実務に直接役立たぬことを学べ」という旧制高校教育の伝統はこの二人のなかに生き、彼らの関係は旧制松本高校における北杜夫と辻邦生の関係に似ている、と旧制広島高校出身の阿川弘之はいっている。

戦争末期の四四年秋、阪田は新居浜の住友化学工場に勤労動員中、まだ十八歳というのに召集され中支戦線に送られた。終戦は満洲の軍病院入院後、そのまま炊事兵として働いているときに迎え、帰国できたのは四六年秋であった。高知高校を繰り上げ卒業になるとき、進学希望先を人気薄の東京帝大文学部美学科にしておいたのがそのまま通って、すでに籍が移っていると知った。だが在学中に美学科から国史学科に転科したので、旧制三年で卒業のところを五年かかった。よけいな二年分の学費は自分で工面したいと、タンゴバンドのピアニストをして稼いだ。中学生の頃、ひとり家のピアノを弾いて遊んでいた特技を生かしたのである。

帰国して従兄・大中恩を銀座の会社に訪ね、大中が合唱隊の指導をしているという屋上につづく階段を上りかけたとき、まさに「天使の歌声」が降ってきた。阪田寛夫はその場で合唱隊への加入を願い出た。これも血筋のなせるわざであっただろう。

その後、阪田寛夫は大中恩のために合唱曲の詞を多く書いたが、そのうちの『ライオン王さん』は、こんなフレーズで始まる。

「ライオン王さんいいました。どえらいこえでいいました」

「ものろもあつまれー」「つるけー」

そうして「ライオン王さん」の命令一下、色んな動物が全員集合のはずが、マンモスだけがいない。
「マンモスはどないした。ライオン王さんいいましてん」
誰かがこたえた。「マンモスはひるねですわ」

「家来」から「オジサン」に

一九五〇年、まだ東大在学中だった阪田寛夫は、三浦朱門らと同人誌「第十五次・新思潮」を創刊する。「第十五次」とは、たんに明治から数えて同名雑誌の十五回目の試みということで先行誌とのつながりはない。この雑誌にはのちに、曽野綾子、有吉佐和子、梶山季之、村上兵衛などが加わった。

五一年秋に東大卒業、大阪朝日放送に就職した。配属されたのは婦人・子ども番組のセクションで、上司は小中学校の五年先輩、庄野潤三であった。大阪朝日放送では二年前から、松田トシと安西愛子のラジオ番組「うたのおばさん」が始まっていて、その初期には中田喜直、團伊玖磨《だんいくま》、芥川也寸志の三人が大車輪で作曲した。番組で発表されたまど・みちお作詞の『ぞうさん』『山羊さんゆうびん』などは広く歌われた。

幼なじみの吉田トヨと結婚したのは就職と同時、収入が保証されたからである。すでに寛夫の兄とトヨの姉は結婚しており、兄嫁がふたりを結婚させたのは「面倒な親戚を増やしたくない」からだったという。阪田寛夫は、結婚すれば幼稚園以来大好きなトヨと「朝から晩まで一緒にいられる」と思ってうれしかったが、トヨの方は「あんまり喜ばなかった」。のみならず、ときに「あなたを好きにはなれない」と言い放ったりもした。「家来」の嫁の境遇に甘んじたくなかったのかも知れない。

中野区鷺宮の団地でのひどい夫婦喧嘩の原因は寛夫の酒と「浮気」だと書いた。寛夫はもらった手紙はもちろん、自分が出した手紙の下書きまで保存するような過剰に細かい性格なのに、酒のうえでの失敗が少なくなかった。同時に「オレはダメだ」を生涯の口癖としたような強烈な自己嫌悪癖ゆえに、酔いが醒めれば反省の深い海に沈む。そうしてトヨに、先方に謝罪しておいてくれと懇願する。また根が小心なのに、女性の相談にのれば相手に過剰に同情して、それがしばしば「浮気騒ぎ」と「離婚騒ぎ」に発展したのである。

あるとき寛夫は二人の娘に、以後自分を「オジサン」と呼べと宣告した。トヨと離婚したら「自分は別の女性と結婚するだろう、新しい子供も生まれるだろう、その時、お前たちが俺のことを「とうちゃん」と呼んだら、新しい家族に悪い」という理屈であった。そうして母親は「オバサン」と呼べといった。

だが結局二人は別れなかった。トヨは寛夫を面倒くさがりながらともに暮らした。しかし、子どもたちは最後まで両親を「オジサン」「オバサン」と呼んだ。

評伝は遠回しの自己表現

一九六三年、三十八歳の年に阪田寛夫は放送局を辞めた。小説家になるという宣言に、大中恩以外の全員が反対した。向いていない、フリーで食べていけるタイプではないと見られていたのである。朝日放送の上司、庄野潤三が最も強硬に反対した。過剰なまでに外面がよく、とくに庄野潤三に対しては礼を尽くす阪田寛夫だったが、このときばかりは従わなかった。

フリーとなって、阿川弘之原作の作品を含むテレビドラマの脚本を書いたが、量産できるタイプではなかった。六七年、ニューヨークへ行ってオフ・ブロードウェイのミュージカル『ファンタスティックス』を見て感動、日本でもミュージカルを実現したいと書いた脚本『さよならＴＹＯ！』(七〇年)を舞台にのせた。だが、かけた予算と宣伝のわりに客入りはよくなかった。

九歳年長、弟と正反対に実務に長けた兄一夫は寛夫を、「屍肉にたかるハイエナのようなやっちゃ」と評したが、必ずしも冷たい態度ではなかった。自己を表現するのに自分を主人公としない「距離感」を持った小説は、いわゆる「自然主義小説」の暑苦しさを自然に遠ざけた。父母の伝記的小説だけではなく、「タカラヅカ」の創始者小林一三の長い評伝も、尊敬する先輩詩人まど・みちおの評伝も、遠回しの自己表現であった。

六五年、『マーチング・マーチ』(服部公一作・編曲、天地総子歌唱)でレコード大賞童謡賞を受けた阪田寛夫には「訳詞」の才能もあった。

〈ねこふんじゃった　ねこふんじゃった／ねこふんづけちゃったら　ひっかいた〉

『ねこふんじゃった』がその代表作とされるが、ノミを主人公にしたドイツの原曲とは関係がないので、これは「訳詞」ではなくやはり「創作」であろう。

阿川家は佐和子が小学校四年生になるとき中野・鷺宮の団地から四谷に越した。中学生になった彼女がひさびさ阪田家を訪ねると、三歳下の次女なつめはすでに佐和子より長身で、脚は細く長く、茶色がかった髪の「美少年」となりかわっていた。その頃クラシック・バレエを習っていたなつめは、やがて父親にともなわれて見た宝塚の舞台に憧れ、七二年、十五歳で宝塚音楽学校に合格、二年後正式に歌劇団員(第六〇期)となった。本名なつめは父親が庄野潤三の小説中からとったのだが、大浦みずきという舞台名も庄野につけてもらった。

歌劇団員となって、雪組、星組、花組と移った大浦みずきは、八三年に高汐巴《たかしおともえ》の二番手に昇格、やがて男役トップとなった。ダンスの才能が抜群で「ダンスの花組」の名を定着させ、本人は「宝塚のフレッド・アステア」と呼ばれた大浦みずきは在籍十七年、九一年に退団した。しかし翌九二年のニューヨーク公演では、卒業生であるにもかかわらずトップとして踊った。引退後は、タンゴの踊り手として知られた。

緩慢な自殺？

最初に老いの兆しを見せたのは妻トヨであった。九〇年代、六十代ですでに脳梗塞を三度経験していた彼女は、二〇〇〇年に四度目の梗塞をきっかけに認知症と診断され、やがて施設に入所した。それまで家のことはすべてトヨ任せ、七十代後半まで電子機器とは一切無縁に過ごしてきた阪田寛夫は、やむなく銀行ＡＴＭの使い方を長女に習った。彼自身、加齢とともに、がん不安、不眠、極度の食欲不振に陥った。心配性だから婦人科以外のすべての診療科で受診した。

老々介護の不安と負担の末に自罰衝動をいたずらに亢進させた阪田寛夫は、厚生年金をもらいすぎているから返却したいと申し出たり、芸術院会員を辞任したいといって院長だった三浦朱門を困惑させたりした。と思えば、特高警察に尾行されている、昔の浮気相手の女性から脅されている、と訴えてやまなかった。

パニック障害から深刻なうつ病を発症した二〇〇三年、精神科に入院、翌年には電気ショック療法を受けた。これは効果があり、〇四年には退院したが尋常ではない痩せ方は回復せず、最高八〇キロあった体重は三〇キロ台まで落ちた。長女内藤啓子の目には、父親が「緩慢な自殺」を試みているように映った。

阪田寛夫が亡くなったのは、二〇〇五年三月二十二日、直接の死因は肺炎であった。喪主の挨拶はトヨがした。認知症なので家族は不安がったが、無事にこなした。しかし葬儀のあと彼女は、「オジサンどこ？　帰るよって電話しなくちゃ」と娘にいった。

二〇〇六年秋、南大阪幼稚園に建てられた『サッちゃん』の歌碑の除幕に立ち会った大浦みずきは、二〇〇九年十一月十四日、肺がんで亡くなった。五十三歳であった。

二〇一四年、彼女は宝塚歌劇百周年を期してつくられた「宝塚歌劇の殿堂」に入ったが、殿堂入り百人のうち四番目に若い物故者であった。もっとも若かったのが広島で原爆死した園井恵子の三十二歳、二番目が一九五四年九月に青函連絡船洞爺丸《とうやまる》沈没事故で死んだ佐保美代子の四十一歳、三番目が六七年五月に病没した轟夕起子の四十九歳、大浦みずきはそれについだ。

阪田寛夫のもっとも阪田寛夫的な詩は、『熊にまたがり』であろう。

〈熊にまたがり屁をこけば／りんどうの花散りゆけり
熊にまたがり空見れば／おれはアホかと思わるる〉

岡田史子

〈マンガ家〉

六〇年代的、あまりに六〇年代的

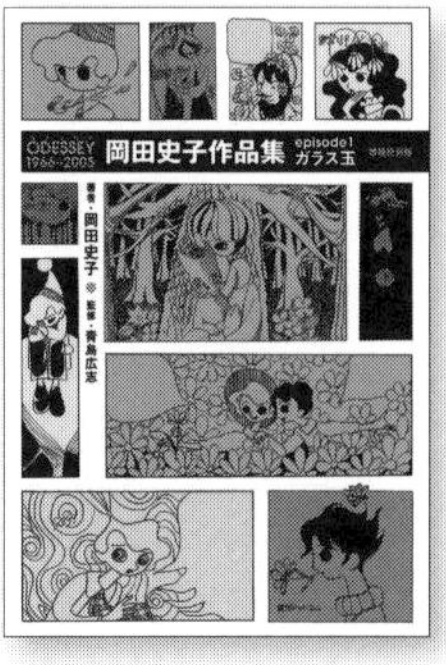

■おかだ・ふみこ
■2005年4月3日没(55歳)
■心不全(?)

二〇〇五年四月三日、五十五歳の女性が東京郊外の自宅で入浴中に亡くなった。心不全と思われるが詳細はわからない。女性は、一九六〇年代末から七〇年代初めにかけて「天才マンガ家」と称された岡田史子であったが、筆を断ってすでに久しかったため、とくに話題にはならなかった。

一九四九年、北海道日高地方の静内《しずない》で生まれた岡田史子は、早熟な文学少女で、また一九六〇年代に急増したマンガ家を志す「団塊の世代」のひとりであった。

成績はよかった。授業を聞いているだけ、家で勉強をしなくてもできた。自宅を離れたいと思い、離れた町に新設された高専への進学を志した。試験には受かったものの下宿の費用は出せないと親にいわれ、地元の高校に進んだ。

高校では、全国的な広がりを持つ手がきマンガの回覧同人誌に参加した。そのメンバーから永島慎二『漫画家残酷物語』(六一―六四年)を教えられ、「マンガでは何をかいてもいいんだ」と思って中学時代にかきためた「少女マンガ」をみな捨てた。

六六年、高校二年のとき「太陽と骸骨のような少年」七ページを雑誌「ガロ」に送ったが、雑誌全体の雰囲気に合わない、と送り返されてきた。しかし同人誌のメンバーを通じて、創刊したばかりの「COM」の編集者の目にとまり、六七年二月号の投稿欄に掲載された。

「COM」デビュー

一九六四年創刊の「ガロ」は白土三平『カムイ伝』連載で部数を伸ばした。「COM」を六七年一月に創刊した手塚治虫には「ガロ」への対抗意識があった。彼は「COM」を自らの大作『火の鳥』の発表舞台とし、石森(のち石ノ森)章太郎、永島慎二らの作品を載せたが、時代の風は「ガロ」に吹いた。

しかし「COM」もまた、あらたな表現ジャンルとして成長する物語マンガの作家たちを多く育てた。それは、青柳裕介、あだち充、竹宮恵子、諸星大二郎、やまだ紫、長谷川法世《ほうせい》、宮谷《みやや》一彦、それに岡田史子らであり、登竜門とみなされたのは「COM」の投稿欄、マンガ家・真《ま》崎守《さきもり》が評論家としての筆名・峠あかねで担当していた「ぐら・こん」(グランド・コンパニオン)であった。

岡田史子の作品「太陽と骸骨のような少年」の掲載に際しては編集部内で小事件があった。投稿作品は二ページ分だけ、それも縮小掲載するというのが雑誌の決め事だったが、この作品を持ちこんだ若い編集者が全七ページ掲載を強く主張した。首をかけるというのでその主張は通り、彼は実際に退職した。

高校三年の六七年、岡田作品は、六月、八月、九月、十二月と掲載され、六八年一月には初期の代表作「ガラス玉」を発表して、「第一回COM新人賞」をもらった。賞を争ったのは宮谷一彦であった。

岡田史子より四歳上、すでにプロとして活躍している宮谷にいまさら新人賞でもなかろうという空気が生じて、岡田の受賞が決まった。

高校を卒業した六八年春、彼女は制服姿で上京した。「COM」編集部が、彼女のために文京区水道の洋紙店の事務の仕事を決め、アパートは就職先が世話してくれた。六八年にはほぼ毎月短編一作をかいたが、それらは「太陽と骸骨のような少年」や「ガラス玉」のように無国籍の少年の心情をえがいて、「自傷傾向」さえ予感させる繊細な短編群であった。原稿末尾は「Fin」あるいは「Finalité」とフランス語で閉じられていた。

一作ごとに画風が変ったのは、さまざまな可能性を探るのに性急だったせいか。または、たんに飽きっぽかったからか。

ソ連留学挫折

六九年も、ほぼ毎月「COM」に発表したほか、虫プロ商事があらたに出した姉妹誌「ファニー」には、この作家としてはめずらしく八ヵ月の連載をした。だが六九年秋、二十歳のとき静内の実家に帰った。新築したと知らされた家を見たかった、と本人はいうが、東京暮らしに疲れを感じたのである。

実家ではマンガをかきながら昼夜逆転の生活をした。それまでは太ることを警戒していたのに、静内帰省中は努力なしに痩せた。翌年のことになるが、週刊誌にヌードを撮らせたのは自分の痩せ方が気に入っていたからだったという。

この間、モスクワの「ルムンバ友好大学」への進学を考えた。岡田史子はもともと進学を望んでいたのだが、家計の逼迫を理由に許してもらえなかった。

ソ連邦では友好国からの留学生に共産主義と共産主義経済政策を教えるために一九六〇年に友好大学を設立、翌年、コンゴ動乱で殺されたコンゴ民主共和国のパトリス・ルムンバ首相の名前を冠した。おもに「第三世界」からの留学生が対象で、授業料なし、お小遣い支給という好条件の小規模大学であったが、カルロス・イリイチ・ラミレス・サンチェスなど後年のテロリストも在籍していた。ソ連崩壊後の九二年には名称を「ロシア諸民族友好大学」と改め、二万八千人の学生を擁する学術拠点となった。

岡田史子は入学試験の準備を整えて七〇年夏ごろ再上京、代々木にあった日ソ友好協会に出向いた。しかし、もう留学生は取っていないといわれた。あてのはずれた彼女は、虫プロ勤めの女性の友人を訪ね、居候をしながら「COM」に発表するマンガをかこうとした。

しかしそれだけでは食べられない。昼は神田の洋紙問屋の電話番、夜は池袋の喫茶店でウエイトレスをした。

やがて喫茶店の同僚の青年と親しくなり、岡田が借りた部屋で同棲した。森田拳次の「丸出だめ夫」(「週刊少年マガジン」に六七年まで連載)にそっくりのその青年は、いっしょにいるとまったく働かない。嫌いになったわけではないが出て行って欲しいというと、「だめ夫」は素直に出て行き、それきりになった。

アニメ『あしたのジョー』の彩色のアルバイトをしているとき、「COM」編集部から、その頃虫プロが始めていたアニメーター養成所に行け、といわれた。同期に二歳上の安彦良和《やすひこ》がいた。後年「ガンダム」を造形し、マンガ『虹色のトロツキー』を発表する人である。しかし岡田史子は、アニメは自分に向いていないと痛感した。手塚治虫そっくりの絵がかけないのである。

「私はこれまで努力が報われたことは一度もありません。できることはイッパツでできるし、できないことはいくら努力してもできないのです」(岡田史子「人に歴史あり」)

あまりに六〇年代的

アニメーター養成所をやめてもマンガはかけた。しかし、それ以外の時間は「なんだかツラくて、意識があるのにたえられない感じ」だった。頭痛薬を大量に飲んで眠った。

その頃「COM」の担当編集者は野口といった。岡田の投稿作で全七ページ掲載を主張して辞めた人だが、その後編集部に戻ってきていたのである。そんな事情を知らなかった岡田史子は相手が新人編集者のつもりで接した。

彼女は後年の回想「人に歴史あり」にこんなふうに書いている。

あるとき彼女は彼に、「死にたい」といった。すると彼はいった。「俺も死にたいよ」

〈何故？　ときくと、編集部の待遇が気に食わないからだ、と答えました。／へんな理由だなと思いましたがどうでもよかったです。親切な担当さんとして感じよく思ってはいましたがしょせんは他人です。どんな理由で死のうと生きようと、私には関係のないことでした。／それよりも野口さんは続けていいことを提案しました。／いっしょに死にに行こう、北海道へ行って雪山に登り睡眠薬を飲もう。／冬でした。私は喜んで賛成しました〉

岡田史子は二十一歳、七〇年暮れか七一年初めのことだろう。

彼はそれからすぐ編集部に行って辞表を出し、給料を清算してもらった。池袋の喫茶店で待っていると、睡眠薬だけではなく精神安定剤も買ってきた。当時は処方箋なしで買えたのである。

安定剤を飲むとはしゃいだ気分になり、野口のライトバンで羽田に向かう途中、トワ・エ・モワの『誰もいない海』を歌った。それは山口洋子作詞、内藤法美《つねみ》作曲「つらくても　つらくても　死にはしない」という主フレーズの自殺断念の歌であった。

夜中のプロペラ機で札幌へ飛んだ。札幌に着くと終夜営業の喫茶店に入って時間を潰した。

〈そこで朝を待つ間に野口さんは変なことを言いました。もし死に切れなかったら結婚しないか、というのです。／私は絶対死ぬ、と確信していたので即座にいいよ、と答えました。もし薬で死ねなくても雪山で眠れば凍死します〉

〈少しでも疑念があればそう簡単には答えなかったでしょう。野口さんを愛していませんでしたから〉

「心中未遂」

朝になり、バスに乗って郊外の温泉町へ行った。定山渓だろうか。歩きながらコップ酒で薬を飲んだ。すぐには見つからないように、山奥まで入ろうとつとめた。寒さは感じなかった。

気がついたのは病院のベッドだった。手に包帯が巻かれていた。凍傷になったらしい。彼女はひとりだった。

〈野口さんは警察にいるとのことでした。／心中事件として扱われたため男の野口さんは取り調べを受けなければならなかったのです。／でもこれは断じて心中ではありません。たまたま男と女がそれぞれの事情で死にたくなったためいっしょに行動しただけです〉

やがて野口とその両親が病院にやってきた。それからみんなで近くの温泉宿に一泊し、さらに翌日、岡田史子の父に会って結婚の許可をもらうことになった。

〈帰京して自分の部屋へ帰ると、日記に「しばらくの辛ぼうだ」と書きました。しかし、結婚することになったのは救いだったと思います。ひとりでは立ち直ることができなかったでしょうから〉

あと一ページで原稿が仕上がるというところで作家が行方不明になり、事情不明のままに休載を余儀なくされた「COM」編集部は大騒ぎをしていた。

〈あとで私たちがどこへ何をしに行っていたか知ると、編集長以下全員がカンカンに怒り、野口さんも私も出入り禁止になってしまいました。そうしていつしか「COM」もなくなりました。／このようにして私の「COM」時代は終わったのです。二十一歳の時でした〉

二〇一〇年代にも回想される人

以後、マンガはしばらくかかなかった。しかし、以前から岡田の読者であった萩尾望都《はぎおもと》の強い勧めで仕事を再開、七八年六月の「少女コミック増刊」に久々に「ダンス・パーティー」を発表した。七九年にも三作かいたが、以後は発表が細り、九〇年「エリム」を最後にマンガの筆を断った。

岡田史子の本名は高田富美子であったが、彼女の姓は七一年に高田から野口にかわった。さらに中村となったのは離婚して再婚したということだろう。亡くなったときには高田に戻っていた。

「六〇年代的、あまりに六〇年代的」であった彼女の記憶を保つファンはみな老いた。だが、おもに彼らを読者に想定した旧作の復刊はいまもときどき行われる。

その名も復刊ドットコムという版元から、『ODESSEY 1966〜2005 岡田史子作品集』が、「episode1 ガラス玉」「episode2 ピグマリオン」と題して二〇一七年十二月と二〇一八年一月に刊行された。文中引用の岡田史子の手記「人に歴史あり」はそこに再録された。

ロック岩崎（岩崎貴弘）

天才戦闘機パイロットと花粉症

〈航空自衛隊戦闘機パイロット、エアショー・パイロット〉

■いわさき・たかひろ
■2005年4月21日没（53歳）
■墜落による心臓破裂

ロック岩崎貴弘は航空自衛隊の戦闘機パイロット、それも超一流の技量を誇った人であった。一九七〇年に自衛隊航空学生となり、九五年の満四十四歳、二等空佐で退官した。その後エアロバティック（曲技飛行）の会社を起こし、自らそのショー・パイロットとなった。

彼が戦闘機パイロットになりたいと思ったのは、一九六〇年、小学校三年で米海軍のアクロバット飛行チーム「ブルーエンジェルス」のドキュメンタリーをテレビで見たときである。だがそれは、アクロバット飛行ショーそのものに対しての感動ではなかった。ショー前日、ハンクという名前のパイロットが目の見えない少女を飛行場に招いた。彼は少女をコクピットに座らせ、機器に触れさせながら説明していたその姿に、強い印象を受けたのである。翌日のショー本番、飛行機のエンジン音を聞いた女の子が、「ハンクが飛んでいる！」と喜びの声を上げたとき、岩崎貴弘少年は「鳥肌が立つような感動を覚え」「なんて戦闘機パイロットはカッコいいんだろう」と思った（岩崎貴弘『最強の戦闘機パイロット』）。

その思いは、高校生になっても褪せず、千葉県立船橋高校で体操部に入ったのも、パイロットに必要な平衡感覚を養えると考えたためだった。

三年生の秋、航空大学校を受験したが落ちた。視力が一・〇に足りなかったのである。自衛隊航空学生の二次試験で、その視力検査が初冬の晴れた日に屋外で行われたのは幸運だった。視力一・二と判定されて合格、七〇年三月、第二十六期航空学生として防府《ほうふ》基地に入隊した。同期は百二十五人ほどだった。

「飛行機酔い」に苦しむ

念願のパイロットのタマゴとなった岩崎だが弱点があった。「エアシック（飛行機酔い）」である。プロペラ練習機T－34メンターで飛行中に気分が悪くなる。自分でも意外だった。ひそかにコクピットに持ちこんだビニール袋に吐き、脱いだヘルメットの中にかくして持ち帰った。ビニール袋を忘れたときは靴の中に吐いた。同乗の教官には気づかれていて、向いていない、あきらめてはどうか、といわれたが、戦闘機パイロットになりたい一念で粘った。だが基礎教育コースでは「エリミネーション（不適格通告）」におびえつづけた。その後、操縦コース選別、戦闘機要員選別とくぐり抜けたのは岩崎を含めて五十数名に過ぎなかった。

習志野基地での落下傘訓練、奈良幹部候補生学校での英語漬けの日々を経て、静岡県静浜基地でジェット戦闘機の基礎訓練を終え、「ウイング・マーク（航空徽章）」を得たのは一九七三年であった。その彼が操縦した戦闘機は、朝鮮戦争での米空軍の主力F－86セイバーである。自動車にたとえればマニュアルの小型車、レーダーにまだ真空管を使っていた旧式の戦闘機だが、これだと岩崎貴弘は酔わないのである。教官といっしょの複座練習機ではなく、単座だからだ。車酔いする人も自分で運転すれば酔わないのと同じ理屈だ。この時期、主力戦闘機はF－104で、同期生のほとんどがそちらを希望したが、岩崎がそうしなかったのはF－104も複座だったからだ。

やがて岩崎にF－104飛行隊へ異動の辞令が出たが、断った。異動返上は自衛隊では異例のことだ。しかしのち、練習ジェット機教官の辞令が出たときには断れなかった。断れば自衛隊を辞めることになる。辞めれば、もう戦闘機には乗れない。教官辞令は左遷かとも思い、文字どおり泣きながら福岡県芦屋基地に赴任した。

戦闘機乗りでなければ人にあらず、と思っていたタックネーム「ロック」の岩崎には、教官の仕事はよい経験となった。パイロットだけが戦闘機を飛ばすのではない、と身をもって知ったからだ。

タックネームとは作戦行動中のパイロットの呼び名で、「ロッキー」「ポール」「リチャード」「ボギー」「ベア」「デビル」など、航空自衛隊の「本家」ともいうべき米空軍にならってアメリカ風が多い。戦闘機パイロットの存在を広く知らしめた映画『トップガン』でのトム・クルーズのタックネームは、焼印のない仔牛(はみ出し者)、「マーベリック」だった。岩崎貴弘は、岩崎の「岩」から「ロック」と名のった。

「三菱鉛筆」で最新戦闘機「撃墜」

一九八一年、宮崎県新田原《にゅうたばる》基地に異動して、今度こそF-104パイロットとなった。

六二年から航空自衛隊に配備されたF-104は、最高速度マッハ2(時速二四五〇キロメートル)、高度一万八〇〇〇メートルまで上昇可能な第二世代ジェット戦闘機である。全長一七・八メートルとF-86Fより六メートル以上長いが、全幅は六・七メートルと半分しかない。おそろしく細いのである。三菱重工業がライセンス生産したので、戦闘機乗りは「三菱鉛筆」と呼んだ。

その「三菱鉛筆」でロック岩崎は、当時の米空軍最新式戦闘機F-15と模擬空中戦を行って「撃墜」したことがある。二機編隊(エレメント=最小単位)の僚機をあえて超高空に逃げさせて敵機の追尾を誘い、その間に「ロック」機が敵機の下方から腹側に接近してミサイルの有効射程内で火器管制レーダーを照射した。それが「キル(撃墜)」のしるしになる。F-104の気づかれにくい細身を利用した戦術だが、戦闘機の「世代差」性能を考えれば、国産の市販スポーツカーでF1レーサーをコーナーリングのテクニックだけで抜くのに似ている。この一事でロック岩崎の名前は航空自衛隊のみならず、在日米軍にも広く知られた。

八四年、航空自衛隊主力F－15イーグルのパイロットとして、茨城県百里《ひゃくり》基地に移った。

F－15は「大きい」。全幅一三・一メートル、全長一九・四メートルだから、学校プールの水面全体ほどもある。二枚の垂直尾翼を持ち、最高速度はマッハ二・五、高度二万メートルまで二分で上昇する。通常燃料のほかに増槽(ドロップタンク)三本に七・二トン、合計一一トンの燃料を積んで四時間活動可能だが、アフターバーナーを低高度で使用すれば、これだけの燃料を三十分で消費する。

ロック岩崎はF－15でも、模擬空中戦を挑んできた米空軍パイロット操縦の、より軽量、機動性に優れたF－16を返り討ちにしたことがあった。コンピュータ制御の戦闘機の能力に、アナログだが機敏なパイロットの技量を組み合せての勝利だったという。

上空で8G、ときに9Gに達する強烈な重力のために下半身に血液が集まって脳に血流不足が生じ、パイロットは「バーティゴ」(空間識失調、平衡感覚を失うこと)に陥ることがある。そうでなくとも、長年Gに耐えてきたため頸椎の軟骨がなくなったり、椎間板ヘルニアに苦しんだりするのは戦闘機パイロットの職業病である。

血液の下半身集中を防ぐ耐Gスーツを着たまま待機するスクランブル発進では、F－15を三、四分で離陸させる。領空侵犯した「アンノウン（国籍不明機）」に追いつき、近づいて写真を撮る。平行に飛んで回頭を促す。応じなければ、警告ののち阻止行動、一五〇メートルまで接近して針路妨害を実行する。

ロック岩崎の現役時代、「アンノウン」の主力はソ連空軍のミグ25だったが、たまたまツポレフ16爆撃機を改造した偵察機に警告接近したとき、後部の三〇ミリ機関砲の銃口が自分に向けられているのを見て「空の最前線」を実感した。戦闘機の操縦技術を磨くことに専念していた彼が、「国防意識」を持つようになったのはそのときからである。また一流の戦闘機乗りとなったのち、上空から見下ろした「守るべき」国土の美しさに感動してのことである。

「アクロバット飛行」の世界へ

F－15はコンピュータと連動した最先端の兵器だ。しかしロック岩崎は、航空自衛隊の教官に対しても、「対電子戦で、いちばん効果のあるのは人間の目です。目さえよければ、どんなレーダー妨害電波をかけられても平気です。ステルス戦闘機だって、接近戦になればパイロットの目には見えます」と発言したように、人間のアナログな能力に信を置く人であった。

ロック岩崎は三十八歳で、百里基地のパイロットを統括する飛行班長となった。さらに四十代前半には、基地のパイロット、整備員、事務方、すべての責任を負う飛行隊長への就任を内示された。

だが飛行隊長に就任するには、それ以前にパイロット以外の職種の経験を二年積まなくてはならない。飛行隊長をつとめあげたのちは、内勤で定年までの数年間を過ごすことになる。もう飛べないのである。

歳月とともに電子化はさらに進行した。そうして、コンピュータがパイロットの領域に侵入してきたと認識したとき、彼は「もうオレの時代は終った」と思い、「人間らしい飛行技能を発揮できる場所」として「アクロバット飛行」の世界をイメージしたのである。

一九九五年、迷った末にロック岩崎は退官を決意した。四十四歳であった。退官後、元上官は、「実は君をブルーインパルスに誘おうという話があったんだが、飛行隊の方で手放したがらなくてね」といった。

海上自衛隊には毎年「観艦式」があり、陸上自衛隊には「大演習」がある。航空自衛隊では「訓練展示」がそれにあたるが、そのためにロック岩崎が必要だったということだ。若い頃、決まりかけていた米空軍留学を基地司令が勝手に断ったのも、同じような理由であった。

九五年七月十日、ロック岩崎はF－15でラストフライトを行った。

鹿島灘空域をアフターバーナーで上昇、高度五万フィートで水平飛行に移った。「成層圏の真っ青な空は、もう二度と自分には見られないだろう」と思いながら超音速で飛んだ。百里基地上空に戻って、自分のF－15の飛ばし方を後輩たちに見せるために、急旋回、急降下、急上昇した。最後に、機を九十度傾けたまま地面と平行に飛ぶ「ナイフエッジ」で滑走路全長を飛んで、ロック岩崎の二十五年におよんだ自衛隊生活は終った。

花粉症で事故死？

退官した年の十二月、岩崎はアメリカに渡った。曲芸飛行ショーのパイロットとなるために、その第一人者パイロット、ショーン・D・タッカーから訓練を受けるつもりだった。曲技飛行用のピッツは単発プロペラ機である。ジェット機の操縦では足を使わないのだが、ピッツは操縦桿と両足のペダルをふんだんに使う。慣れない飛行機だが、ショーンは岩崎の飛行を見て、訓練は十日でいける、と断言した。

翌九六年三月、岩崎はアメリカの「エアショー」のライセンス、それも最低高度七五メートルというハイクラスのものを取得した。同年十一月には、南紀白浜空港で日本最初の「エアショー」を観客に見せた。その後、アクロバット飛行チーム、AIRock（エアロック）を立ち上げ、各地で曲技飛行を披露した。

二〇〇五年四月二十一日であった。午前十一時二十分頃、兵庫県但馬空港で飛行訓練中だったロック岩崎のピッツS-2C型機が、百五十メートルの高さから墜落した。事故は低高度で水平飛行中に機体を回転させる曲技飛行の技「ホリーホック・マイヤー」の練習中に起った。岩崎の死因は墜落の衝撃による心臓破裂であった。五十三歳。

国土交通省航空・鉄道事故調査委員会は事故から七ヵ月後の十一月二十五日、「低高度にて曲技飛行訓練を実施していた際に回復操作を開始するタイミングが遅れた」とする報告書を国交大臣に提出した。その中で事故調は、岩崎が「ひどい花粉症のため市販されている薬を服用していた」ことを指摘し、「眠気を催す成分が含まれている」薬の影響か、目のかゆみなど花粉症の症状で、「判断に一瞬の遅れが生じ」た可能性が考えられる、とした。天才パイロットは、花粉症で命を失ったのである。


岩崎が自衛隊を去って歳月は流れ、日本の防衛事情も大きく変貌した。スクランブル対象空域は北海道から東シナ海方面に移り、対象機はソ連・ロシア機から中国機へとかわった。

そのため最強といわれた航空自衛隊第二〇四飛行隊は、二〇〇九年、F－15とともに百里基地から那覇基地へ移動した。ついで第三〇四飛行隊も那覇に移り、東シナ海上空は熱い空となった。

貴ノ花（初代）

家族解散、家業消滅

〈大相撲力士、親方（十一代二子山《ふたごやま》）〉

■たかのはな
■2005年5月30日没（55歳）
■口腔底がん

貴ノ花、本名花田満は一九七〇年代の人気力士で、その足腰の柔らかさと強さを武器に大関を五十場所つとめた。身長一八三センチ、体重一一四キロというのが現役時代の公式記録だが、実際には体重一〇〇キロに満たなかった時代が長い。

花田家十人兄弟の長男が第四十五代横綱若乃花勝治《かつじ》で、満はその二十二歳下の末っ子であった。青森県弘前でリンゴ農家だった花田家は、一九三四（昭和九）年の室戸台風で果樹全滅、一家をあげて北海道室蘭に移住した。やがて大家族の家計の中心となったのは、室蘭港で荷役労働に従事した勝治であった。

終戦直後の一九四六年、十八歳の花田勝治は、巡業で室蘭を訪れた大相撲の興行に飛入りして数人の相撲取りに勝った。荷役の仕事で鍛えられたその強靱な筋肉は、二所ノ関部屋の力士、大ノ海(のちの花籠親方)の目を引いた。背は高かったものの当時の体重七〇キロ、力士としては無理ではないかと周囲は不安視したが、大ノ海はあきらめなかった。自分の内弟子という特例でこの年角界入りさせた。

同年十一月に初土俵を踏んだ花田勝治は、「若ノ花」の四股名《しこな》で順調に出世し、四九年五月には十両、その年のうちに新入幕を果たした。五〇年二月、満誕生の知らせを聞いた若ノ花は当初姉の子どもと思ったが、自分の弟と聞いて驚いた。大相撲が年四場所となった五二年、大ノ海が二所ノ関部屋から独立して芝田山部屋を開設(翌年花籠を襲名)、部屋頭となった若ノ花は五五年秋、大関に昇進した。その年十一月、室蘭の父親が亡くなり、若ノ花は母親の懇請で家族六人を引き取った。後年貴ノ花となる末弟はまだ五歳であった。

五七年九月場所より「若乃花」に改名、年六場所開催となった五八年一月、若乃花は二回目の優勝、場所後第四十五代横綱に推挙された。二十九歳であった。三歳上の好敵手栃錦との対戦は五一年に始まるが、交互に優勝を分け合う「栃若時代」は五八年からで、六〇年三月には二人とも全勝のまま千秋楽に対決して若乃花が勝った。生涯対戦成績は栃錦十九勝、若乃花十五勝であった。

六二年五月、若乃花は三十四歳で引退、十代二子山を襲名し、円満に花籠部屋から分かれて二子山部屋をおこした。

「これからは敵《かたき》だと思え」

末弟花田満は二子山部屋のある杉並区で育った。満は中学時代に水泳選手となり、百メートルバタフライの中学記録を何度も更新した。そのまま高校、大学と水泳をつづければオリンピック出場は確実、メダルも濃厚と見られていたが、一九六五年の中学卒業前、本人が二子山部屋入門を希望した。

二子山が弟の角界入りに強く反対したのは、末弟にはオリンピック選手になってもらいたかったからである。また、かつて入門した上の弟、若緑(花田陸奥之丞《むつのじょう》)を肉親の情からつい甘やかし、成功しないままに廃業させてしまった記憶のせいでもあった。

満の決意の固さから最後には二子山部屋入門を許したのだが、現役時代「土俵の鬼」と異名をとった二子山は、十五歳の弟に、「これからは父とも兄とも思うな。縁を切って敵《かたき》だと思え」と告げた。二十三年後の八八年、初代貴ノ花は、自ら創設した藤島部屋に長男勝《まさる》(若花田、のち三代若乃花)と次男光司《こうじ》(貴花田、のち貴乃花)が入門を望んだとき、長兄勝治が自分にいったのとそっくりおなじ言葉を兄弟に与えるのである。

六五年五月に初土俵を踏んだ初代貴ノ花(六九年十一月までは本名の花田満を名のる)は順調に番付を

上げ、六八年三月場所、当時史上最年少記録の十八歳ゼロヵ月で十両に昇進した。この時期、二子山部屋の近くにあった日大相撲部合宿所から部員が稽古にきていたのだが、そのひとり、二歳上の輪島に十両の貴ノ花は勝てなかった。二子山は烈火のごとく貴ノ花を怒ったが、これを機に貴ノ花と輪島は親しくなり、友情は輪島の大相撲入り以後も維持された。

新入幕は六八年十一月、明治以降初の兄弟幕内力士の誕生であった。しかし貴ノ花の体重は増えない。その食事風景を見た横綱北の富士は、ほとんどベジタリアンのような内容に驚き、あれでは太れないと嘆息した。喫煙の習慣も体重増を妨げた。九七キロの体重を、力士としてみっともないからという理由で、一〇六キロとマスコミに伝えたのはこの頃である。

そのうえ、強靱な筋肉質の体にもかかわらず、貴ノ花は内臓が弱かった。酒が力士の体をつくるという二子山親方の考えから無理に飲まされて胃潰瘍になったり、上気道炎に苦しんだり、肝硬変直前の状態に陥ったりした。二十代半ばには腎臓の不調に苦しんだ。

七一年五月場所五日目、貴ノ花は横綱大鵬を破り、大鵬はこの日を最後に引退した。新旧交代の歴史的な日であった。貴ノ花はその容貌のみならず、「もうひとつの生命がある」と評されたしなやかな足腰、そして決して「かばい手」をせず、顔から土俵に落ちることをいとわない相撲態度ゆえに圧倒的な人気を博し、結果、大鵬のあまりの強さゆえに沈滞していた大相撲人気の回復に大きく貢献した。さらに七二年九月、そろって大関に昇進した輪島とのライバル対決の物語が加わった。

輪島は七三年七月、横綱に昇進した。

その輪島に強く、十九勝二十四敗の生涯成績を残したのが巨漢力士の高見山であった。貴ノ花の六歳上、六四年にハワイから来日して初土俵を踏んだ高見山は、六八年一月入幕、外国出身力士として初めて優勝したのは七二年七月であった。身長一九二センチ、体重二〇五キロの高見山と、体重が半分しかない貴ノ花の勝負は「牛若丸と弁慶」の勝負にたとえられて、本場所ごとに観客を沸かせた。

千代の富士に「助言」

貴ノ花の三歳下、北の湖《うみ》の入幕は七二年一月、二年半後の七四年九月には横綱に昇進した。それまでは七〇年三月、同時に横綱昇進した北の富士と玉の海が土俵の中心で「北玉時代」と呼ばれたが、七一年十月十一日、玉の海が手遅れになりかけた虫垂炎の手術後の合併症、肺動脈血栓で急死した。二十七歳であった。

その後「貴輪《きりん》時代」をスキップして、左下手投げを必殺の武器とする輪島と「憎らしいほど強い」北の湖、「輪湖《りんこ》時代」へと移る。二子山部屋からはやはり貴ノ花の三歳下、若三杉が成長し七八年五月、二代若乃花として横綱に昇進する。貴ノ花は、毎場所九勝六敗の「クンロク大関」の異名とともに取り残された。

だが二十五歳の七五年、貴ノ花は心機一転、頸椎・腰椎の引き延ばしや腰の温熱療法を熱心に実行して再び持続力を回復、三月場所では北の湖との優勝決定戦に臨んだ。貴ノ花は北の湖の上手投げを腰を落としてこらえ、寄り切って勝利した。悲願の初優勝の表彰式で優勝旗を手渡したのは兄・二子山審判部副部長であった。この年九月場所でも貴ノ花は決定戦で北の湖を破り、二度目にして最後の優勝を果たした。

それ以後貴ノ花は地味な大関に逆戻りするのだが、その七五年九月、幕内に昇進したのが五歳下の千代の富士である。力士としては細身、強くしなやかな筋肉を持つ体型は貴ノ花のそれとよく似ていた。しかし千代の富士には左肩を脱臼する癖があった。相撲をやめるか、困難な道ではあるが肩を守る鎧のように筋肉をつくり上げるかどちらかしかない、と医者にいわれ、千代の富士は筋肉を鍛えながら太る道を選んだ。そんなとき、貴ノ花に禁煙を強く勧められて実行、五十万円のダンヒルのライターを隅田川に投げ捨てた。禁煙は体重増加と筋肉増強に卓効があり、横綱になれたのは貴ノ花関のおかげ、という千代の富士の述懐には真実の響きがあった。

しかし貴ノ花自身は深刻な病気にかかるまで禁煙できなかった。貴ノ花は八〇年十一月、場所三日目に千代の富士に敗れたことで引退を決意したといわれ、大関在位五十場所目となる翌八一年一月場所途中で引退した。三十歳十一ヵ月であった。

その千代の富士の横綱昇進は八ヵ月後、八一年九月である。優勝三十一回、八八年五月から十一月まで五十三連勝の記録を残した千代の富士は、九一(平成三)年五月場所限りで引退したが、引導を渡すかたちになったのは、初日に千代の富士を破った元貴ノ花の実子貴花田と、三日目に破った元貴ノ花の弟子、藤島部屋の貴闘力《たかとうりき》であった。因果はめぐるのである。

藤島部屋の盛衰

引退した貴ノ花は年寄鳴門となり、八一年末、名跡を藤島に変更して翌年には二子山部屋から独立、藤島部屋を設立した。藤島の指導能力には定評があり、大関貴ノ浪《たかのなみ》、関脇安芸乃島《あきのしま》、貴闘力らを育てた。八八年には長男(若花田)と次男(貴花田)が入門した。二人は曙、魁皇《かいおう》と同期である。九三年、兄二子山が相撲協会の定年を迎えるとき、藤島は二子山(十一代)を襲名、藤島部屋が二子山部屋に吸収されるかたちをとったため、新二子山部屋は一気に大部屋となった。九四年十一月に貴乃花が横綱になり、九八年五月に若乃花(三代)が横綱となるまでが、二横綱一大関三役二人を含んで力士五十人を誇った二子山部屋の全盛期であった。十一代二子山自身も九六年、協会理事に昇格、巡業部長に就任した。

九三年の二子山部屋と藤島部屋合併の折、兄(十代二子山)に支払った名跡譲渡金三億円の申告漏れを九六年に指摘されたときが翳りの始まりであった。また若乃花が横綱に昇進した頃から、若貴兄弟の不仲が噂されるようになった。

二〇〇〇年、若乃花は二年に満たない横綱在位ののち、二十九歳で引退した。もともと相撲界にさしたる愛着を感じていなかったという若乃花は、引退後に協会を離れ、花田虎上《まさる》を名のった。二子山親方が長年連れ添い、若貴兄弟の母親である憲子《のりこ》夫人と離婚したのは二〇〇一年である。親方の主治医と憲子夫人の「不倫」が報道された結果であった。

貴乃花の「過剰さ」

優勝二十二回の貴乃花の引退は二〇〇三年一月である。その圧倒的実績から彼は一代年寄を許され、また協会から一億三千万円の功労金を受け取った。〇四年二月には二子山部屋を継承し、貴乃花部屋と名跡を変更した。

しかし貴乃花は中野新橋の部屋には常駐せず、品川区に新築した豪邸に、一九九五年に結婚した八歳上の元フジテレビ・アナウンサーの夫人とともに住んで、部屋へ通勤した。引退後の貴乃花はダイエットにつとめ、現役時代の体重を半分以下に落とした。肋骨を鳥籠のように浮き出させたその過剰な痩せかたは周囲を驚かせた。

〇三年、朝稽古に姿を見せない貴乃花への不満を安芸乃島が口にし、それが本人の耳に入った。安芸乃島は貴乃花の五歳上、初代貴ノ花にスカウトされて藤島部屋入りした兄弟子である。元来よくはなかった二人の関係は、これを機に修復不能となった。

同年五月の引退にあたって安芸乃島は、年寄株山響を譲り受ける約束を新二子山部屋の親方(初代貴ノ花)とかわしていたのだが、これに貴乃花が介入して話は流れた。一時藤島株を二子山親方から借り受けた安芸乃島だが、その後出羽海《でわのうみ》一門の持ち株・千田川《せんだがわ》を買って二子山部屋と二所ノ関一門から完全に離れた。それは相撲界では異数のことであった。さらに二子山親方は藤島株を一門外の武双山《むそうやま》に譲渡したが、これにも貴乃花は激怒したといわれる。

病の急速な進行

二子山親方(初代貴ノ花)の最初の順天堂医院入院は二〇〇三年十月であった。脚部に生じた血栓の治療薬の副作用で口内炎を発症、発語も不自由になったため、という理由がつけられたが、実際は口腔底がんであった。

口腔底がんは酒やタバコの過剰な摂取が原因のひとつだといわれる。二子山の場合は、千代の富士のように禁煙しなかったことが祟ったのだろう。このがんは全摘すれば予後が必ずしも悪くないとされるが、そのためには顔の下部の切除が必要で、はっきり人相が変る。美男力士として人気を博した二子山としては耐えがたかったのか、患部の部分切除にとどめた。このときの入院は貴乃花夫妻がとりしきり、兄の勝には入院の事実さえ知らせなかったといわれる。二子山は〇四年一月に職務復帰した。

理事長再登板の北の湖は、そんな病身の二子山を翌二月一日付けでナンバー2の事業部長に任命した。定年となった佐渡ヶ嶽《さどがたけ》(元琴桜《ことざくら》)の後釜である。その際、二子山は協会職務に専念するため、部屋運営を貴乃花に任せることにした。

しかし〇四年六月上旬、順天堂病院に再入院したのは、すでに吐血症状を呈していたからであった。この再入院では勝が連日見舞ったが、貴乃花夫妻は一転して姿を見せなかった。一説には、部屋の土地と建物の権利書を貴乃花が持ち出したことに二子山が激怒、出入り禁止にしたのだという。「花田家親子、若貴兄弟が見かけと違って仲の悪いこと」は、すでに相撲関係者だけが知る事情ではなかった。

二子山は〇四年春と夏は場所を全勤した。しかし口内の不具合から会話はまったく不自由であった。同年十一月の九州場所は三日目まで勤め、四日目に東京に帰った。しかし十二月の理事会、師匠会には出席した。〇五年一月五日の稽古総見、六日の明治神宮奉納土俵入りにも姿を見せた。

一月場所は全勤したが、一月三十日に催された元大関貴ノ浪の断髪式には、予定時刻より二十分遅れて姿を見せた。その間、貴ノ浪は国技館の土俵上でひとり着座して待った。貴ノ浪は二子山が藤島時代の八七年、自ら勧誘して相撲界入りさせた愛弟子である。

やがて登場した二子山は、歩行もままならないようすで、土俵へ上がるのに呼び出し二人の介助を受けなければならなかった。その顔と体は、病みやつれた老人のものだった。場所後十日しかたっていないというのに、そのあまりの面変わりぶりに招待客たちは声もなかった。

さらに招待客らを驚かせたのは、最後から二番目のハサミを入れて土俵下の席に着いていた二子山の前を、留めバサミを終えた貴乃花が、言葉はむろん、まったく視線さえ送らずに通り過ぎたことであった。

二月二十三日、貴乃花部屋から相撲協会を通じて二子山の病名は口腔底がんであるという文書が関係者に送られた。二子山の看護は再び貴乃花夫妻に任されたかのようであった。

五月二十三日にははげしく吐血して終末が近いと思われた。すでに体温は低下し、肺炎を併発していた。五月三十日、逝去。五十五歳であった。あの、しなやかなイルカのようであった四十年前を思い出せば、ただいたましかった。

家族解散、家業消滅

兄の若乃花は相撲界を離れたが、貴乃花はとどまった。だが、二〇〇五年頃から協会運営に関する持論を展開、協会中枢との確執を生じた。一〇年初めに二所ノ関一門を離脱して貴乃花グループをつくった。同調したのは間垣《まがき》(元二代若乃花)、音羽山(元貴ノ浪)、常盤山《ときわやま》(元隆三杉)ら六人の親方であった。同年八月には要職の審判部長に就任、一四年、貴乃花グループは貴乃花一門として認知されて協会内の一勢力となった。

しかし一七年十一月に起きた、横綱日馬富士《はるまふじ》の貴乃花部屋・貴ノ岩に対する暴力問題の処理をめぐって、貴乃花は八角《はっかく》(元北勝海《ほくとうみ》)理事長ら協会主流派と対立した。協会内での解決に努力せず、暴行現場を管轄する鳥取県警に被害届を提出したり、内閣府公益認定等委員会に告発状を送ったりした彼の発言と行動に、一時支持した親方たちも離れて行った。

一八年三月、今度は弟子の貴公俊《たかよしとし》が付け人に暴行する事件を起こした。協会内部では貴乃花の契約解除(馘首)の声も上がったが、結局、平年寄《ひらどしより》への降格処分に落着いた。序列三位から八十三位への極端な降格であった。同年六月、貴乃花は自身が主役たる貴乃花一門からの離脱を表明、自動的に貴乃花一門は消えた。十月一日、貴乃花の退職とともに貴乃花部屋の力士八人は千賀ノ浦《ちがのうら》部屋に引き取られた。

「生真面目、かたくな、不器用」と評され、なにごとにつけ「過剰」であった貴乃花は、相撲協会のみならず、実兄、実母とも絶縁し、さらに一八年十月下旬には二十三年連れ添った夫人と離婚して、ひとりの「タレント」となった。家族は解散し、家業は三代で消滅した。

杉浦日向子

「お江戸」の娘

〈マンガ家、江戸風俗研究家、エッセイスト、作家、翻訳家〉

■すぎうら・ひなこ
■2005年7月22日没(46歳)
■下咽頭がん

マンガ家、江戸風俗研究家、エッセイストの杉浦日向子は一九五八年、東京・芝の愛宕《あたご》下で生まれた。実家は中央区京橋で呉服屋を営んでいたというから都心の育ちかと思ったが、違った。新宿区上落合の長屋育ち、両親、五歳上の兄と日向子(本名・鈴木順子)の四人家族だったという。

幼い頃から賢く、また絵心のある子で、両親はそんな娘に、家の襖絵《ふすまえ》も自由に描かせた。それは空高く泳ぐ鯉のぼりや、二枚の襖の開けたてで長さが異なって見えるシロナガスクジラなどであった。長じると彼女は落語とロックに熱中し、ロックファンでは先輩の兄にマイナーなグループの存在を教えるほどだったが、マンガにはまったく興味をしめさなかった。

高校は日大鶴ヶ丘高校の美術科、そのまま日大芸術学部に進んだ。日大芸術学部写真科に入った兄の影響かも知れない。しかし大学の教育は彼女には失望そのものであったらしく、親の反対にもかかわらず二年で中退した。

その後しばらく、父親のスタッフであった加賀友禅染職人の見習いをした。そうしながら、朝日カルチャーセンターで開講されていた稲垣史生《しせい》の「時代考証」の教室に通った。家業が呉服屋だったのに、あるいはそうだったからこそ、それまで距離を置こうとしてきた和風文化と江戸時代風俗に愛着するようになり、稲垣の自宅に三年間通いもした。むずかしい性格で弟子にはきびしかった稲垣だが、杉浦日向子の勉強ぶりには目を細めた。

三十五歳で「隠居宣言」

一九八〇年、杉浦日向子は江戸期の吉原を舞台としたマンガをかき、雑誌「ガロ」に送った。それが採用され、印刷された雑誌が送られてきたとき彼女は狂喜したという。自分の行くべき道を見つけた、そう感じたのであろう。

原稿料も賞金も出ない「ガロ」への投稿は、妥当な選択だったといえる。この時期、成年向けマンガ雑誌の多くでコンテストを行っていたが、「劇画調」でなく「漫画」でもない彼女の絵と物語を正当に評価できなかったはずだ。その後彼女は潮出版社、実業之日本社、新潮社など、マンガ出版を主業としない出版社で仕事をし、その作品の多くはマンガとは縁の薄い筑摩書房で文庫化された。そうして八四年、『合葬』で日本漫画家協会賞優秀賞を、八八年には『風流江戸雀』で文藝春秋漫画賞を受けた。文春漫画賞は、長谷川町子についで女性二人目の受賞であった。

その授賞式の会場で、司会者が彼女と荒俣宏との結婚を明らかにして来場者を驚かせた。荒俣宏は博物学者にして小説『帝都物語』の作者で身長一八五センチの肥満体、可憐な印象の杉浦日向子とはあまりに対照的であった。会場は、祝福よりも意外の思いに堪えない空気に満ちたが、彼女は「とにかく大きな人」が好みで相撲でも横綱大乃国のファン、そのうえ物知りが好きであった。二人は「帝都の怪人と江戸の美女」と形容された。しかしこの結婚は半年後、同居もせぬうちに破綻した。杉浦日向子は弁護士を立て、一年後に正式離婚に至った。

九三年、杉浦日向子は突然マンガ家を廃業、「隠居生活」に入ると宣言した。まだ三十五歳、江戸風俗にくわしい個性的な線のマンガ家として順調と見えたから、やはり周囲は驚いた。

理由を彼女は明らかにしなかったが、実は骨髄移植以外に完治する方法のない「血液の免疫系の難病」と診断され、とてもマンガ制作のような労働には耐えられないと判断したためであった。以後、彼女は通院と入退院を繰り返した。家から一時間半もかかる大病院の患者となり、予約診療の通院でも一回最低六時間はかかった。そうして投薬のせいで顔がまんまるになった。

九五年、杉浦日向子はNHKテレビのバラエティ番組『コメディー　お江戸でござる』にレギュラー出演することになった。伊東四朗らが演じる大衆演劇を模した芝居の江戸風俗・文化について、上演後に誤りを正し、またわかりやすいことばで解説するのである。九年あまりつづいた『お江戸でござる』の出演で杉浦日向子の顔と名前は広く知られた。ことに中高年男性は彼女を愛した。

とにかく酒が強かった

公式な席には和服姿で出るようになったのも、出先で十五分の余裕があればためらいなく入るような銭湯好みもテレビ出演しはじめた頃からである。日本酒と蕎麦を愛好することでも知られていたが、もともと強かった酒はさらに強く、午後の時間にも飲ませてくれるからという理由で蕎麦屋の酒を好んだ。

「板の間に片膝《かたひざ》立ててひとり酒」と詠んだ彼女が書いている。

〈仲間と車座になってやるときは一升瓶回し注ぎ、少人数なら片口で向かいから注いで貰うのもいい。／ひとりのときは手酌が一番。好みの猪口を選ばせる店も多いが、白地に藍《あい》で屋号がついている、素っ気ない徳利と猪口が好きだ〉（『杉浦日向子の食・道・楽』）

彼女と蕎麦屋のはしごをしたことがあるという知人は、「とにかく酒が強かった」と回想する。

「まず冷酒の徳利二本を注文して、もりソバを食べながら、きゅーっと一杯やるのですが、飲みっぷりが見事でした。四軒くらい梯子《はしご》して、最後は寿司屋で締め。軽く一升は飲んでいた」（「週刊新潮」〇五年八月四日号）

四十歳をすぎた頃、杉浦日向子は肝臓と膵臓の不調を訴えた。飲むと食べない癖が悪かったようである。そのためしばらく断酒した。血液検査で数字が旧に復し、飲酒解禁となったときの主治医の条件は、「飲む前に食べること」だった。以来、酒の前に小さなおにぎりを食べ、みそ汁を飲んだ。それ以外の料理は「箸を使うのが面倒」と、おおむね敬遠した。

船旅を愛した晩年

晩年の彼女は船旅を愛した。一年に平均六十余日、ひとりで客船に乗った。ただし、どこへ行くというのでもない。寄港しても上陸せず、いちばん好きなのは太平洋の真ん中、揺られながら移動している感覚だ、といった。百二日間におよんだ世界一周の船旅にも出た。

雑誌インタビューに杉浦日向子はこたえている。

「揺れないと嫌なので、なるべく船首寄りの部屋を取ります。船首オーダー。波をざざーん、ざざーんと切って走る、その音を聞いて眠りたいんです。揺れなければ海じゃないと思っているので、瀬戸内海クルーズはがっかりしましたね(笑)」

「食っちゃ寝、食っちゃ寝。あ、私の場合は、飲んじゃ寝、のほうが多いか。というのも、船には三か所くらいバーがありまして。朝から、どこかしら開いてるんですよ。バーで、揺られながらカクテル作ってもらったり。波が強いと酔いが早いから、得した感じがします」

「水平線から陽が昇って、陽が沈む。なんにもないところで寝起きすると、あー、ぜいたくだわー、もうどこにも寄らないで、太平洋二〇周くらいしてくれないかしらって思います」(「クロワッサン」二〇〇三年七月十日号)

難病の方は寛解の兆しが見えたこの〇三年、下咽頭がんが見つかって声帯を部分切除した。〇四年春、番組のリニューアルを機に『お江戸でござる』を降板した。その後再手術。パーティに出席した彼女はやせ細り、かつての面影はなかった。それでも挨拶の声はなんとか出たが、やがてホワイトボードの筆談を余儀なくされた。

「江戸の空」に吸われる

〇五年一月、杉浦日向子が付き添いなしで南太平洋クルーズに旅立ったと聞いた筑摩書房の編集者松田哲夫は、その意志の強さに驚嘆した。ちくま文庫版を含め、杉浦日向子の本を二十数冊つくり、血液の難病についても知らされていた松田は、そんなに元気なら回復も遠くないのでは、と希望を持った。

しかし二〇〇五年七月二十二日、杉浦日向子は千葉県柏市の病院で亡くなった。四十六歳だった。

松田哲夫は、その追悼文「さようなら杉浦日向子さん」に書いた。

「振り返ってみると、健康なときも、病いとつきあうようになってからも、まったく変わらずに、生きることを満喫した人だった。そういう意味では、惚れ惚れとするような、粋で格好いい江戸の女だったと思う」

司馬江漢の銅版画に見られる江戸の空の青さに、杉浦日向子は強い印象を受けていた。空は悲しいまでに澄んでいる。その空の下で人々は働き、暮らしをたのしんでいる。しかし同時に世界最大都市の過密な住環境、過酷な労働と栄養偏向のため、江戸町民の寿命は極端に短く、「人口調節都市」としての役割を期せず果たしていたのである。

江戸の明るさとたのしさ、それに江戸のはかなさ、その両方を表現した「お江戸の娘」杉浦日向子は、空に吸われるように去った。

仰木 彬

〈プロ野球選手、監督〉

「パ・リーグひと筋」パンチパーマ

■おおぎ・あきら
■2005年12月15日没(70歳)
■肺がん

一九八八年十月十九日、ロッテオリオンズの当時の本拠地・川崎球場でロッテ対近鉄バファローズのダブルヘッダーが行われた。普通なら、時代離れした球場でわずかな観客を前にした「消化試合」のはずだが、この日は三万人の観客が集った。近鉄が連勝すれば久しぶりにリーグ優勝となるからだった。

この年のペナントレースは、西武ライオンズが終始リードした。秋山、清原、デストラーデ、石毛、伊東、辻とつながる打線、それに工藤、石井、渡辺ら強力な投手陣を誇る西武は、森祇晶《まさあき》監督のもと、八六年から九四年までの九シーズンでリーグ優勝八回、日本シリーズを制すること六回という全盛期を迎えていた。

しかし八八年はシーズン後半に至って仰木彬監督指揮の近鉄が巻き返し、九月十五日の六ゲーム差から〇・五ゲーム差まで迫っていた。すでに西武は全日程終了していたが、近鉄は二試合を残していた。それがこの日のダブルヘッダーで、近鉄がロッテに連勝すれば勝率で西武を上回る。しかし、一敗しても一勝一引き分けであってもわずかにおよばない。

「いてまえ打線」対「管理野球」

第一試合は八回まで同点であった。ロッテは九回表、リリーフエースの牛島を投入したが、二死二塁で仰木は、この年での引退を表明していた梨田を代打に送った。梨田の打球はふらふらと上がり、センターと二塁の間にポトリと落ちた。二塁走者が生還して近鉄は勝ち越した。その裏、仰木はクローザー吉井にかえて先発エースの阿波野《あわの》をマウンドに送り、その試合に勝利した。

第一試合が長引いたため、第二試合の開始は午後六時四十四分になっていた。やはり追いつ追われつの緊迫したゲームとなり、六回に同点、七回表、下位打線の連続ホームランで近鉄は三対一とリードした。その裏、仰木は先発で好投していた高柳にかえ、吉井をリリーフに出したものの、ロッテに追いつかれる。

八回表、ブライアントのホームランで近鉄は再び勝ち越した。その裏、仰木が吉井にかえて再びピッチャー阿波野を宣言すると、ベンチに戻った吉井はグラブを投げつけて悔しさをあらわにした。

だがその阿波野が打たれて同点。

テレビ朝日は視聴者の要望を受けて九時から全国放送に踏み切り、「ニュース・ステーション」が始まる十時になっても、「いまパ・リーグが大変なことになっています」という久米宏キャスターのコメントとともに、川崎球場からの中継をつづけた。

九回裏、四対四でロッテは無死一、二塁、近鉄がサヨナラ負けのピンチだった。このとき阿波野が二塁牽制、高く浮いた球を大石がジャンプして取り、ランナーに接触してタッチした。判定はアウトだったが、ロッテ有藤《ありとう》監督が走塁妨害ではないかと猛然と抗議、それは九分間におよんだ。

問題は試合時間だった。試合が四時間を超えた場合、あらたな延長回に入らないというのが当時のルールで、十回表の近鉄の攻撃が無得点に終ったときにはすでに午後十時四十一分、四時間まであと三分しか残っていなかった。その裏のロッテも得点できず、試合は引き分けに終った。二試合計七時間三十三分の死闘の末、近鉄は勝率で西武に二厘およばなかった。

有藤はそのいらざる(と見えた)抗議で評判を落とした。しかし監督一年目の仰木は前年最下位、大阪河内の豪快な「いてまえ打線」の近鉄を率いて「管理野球」森監督の西武をあと一歩のところまで追いつめた男として名を上げた。

この年九月、南海ホークスがダイエーに身売りして福岡に移っていた。また十月十九日、近鉄対ロッテ最終戦のまさにその日、古豪阪急ブレーブスがオリックスに身売りすると発表した。それらはのちに、福岡、札幌、仙台、千葉など地方中核都市の地元ファンを育て、永く読売ジャイアンツ中心であったプロ野球の「制度疲労」回避とパ・リーグ再興につながる第一歩といえた。

翌八九年のシーズン、近鉄はリーグ優勝した。この年も近鉄は、ペナントレース終盤までオリックス、西武とつばぜり合いを演じた。十月十二日の対西武ダブルヘッダーでブライアントが第一試合三本、第二試合一本のホームランを放ってマジック2が点灯、十四日のダイエー戦で優勝を決めた。二位オリックスに勝率一厘差、三位西武に二厘差の優勝であった。だが読売ジャイアンツとの日本シリーズでは、三連勝後に四連敗、日本一の座を逸した。

西鉄ライオンズ入団

一九三五(昭和十)年に福岡県で生まれた仰木彬は、北九州折尾の東筑《とうちく》高校から五四年、西鉄ライオンズに入団した。大戦末期に戦死した父親にかわって母親を支えようと、仰木は八幡《やわた》製鐵就職をめざして工業高校を希望したのだが、進学校で野球も強かった東筑高校に誘われ、その商業科に進んだ。高校ではピッチャーとして活躍したが、プロではまったく通じず、三原脩監督から内野手転向を命じられた。

当時の西鉄ライオンズは三原監督のもと「野武士軍団」と呼ばれた豪快なチームであった。仰木の二年先輩、中西太が三番バッターでチームの中心、高倉、豊田、大下、関口、河野の打線に西村、河村の投手陣で強力であった。ここに高校出の投手、稲尾が加わって、西鉄ライオンズは五六年から五八年までリーグ優勝したうえに、三年連続日本シリーズで読売ジャイアンツを破った。ことに五八年のシリーズは、エース稲尾の大車輪の活躍で三連敗後の四連勝という劇的な勝利であった。仰木もこの打線に七番打者として加わり、地味な存在ながら西鉄全盛期に貢献した。

貴公子然とした顔立ちの仰木だったが、「野武士」たちの間でもっとも多く飲み、もっとも多く遊んだといわれる。後年仰木は、選手として二流で終ったのは遊びが過ぎたせいかと反省したが、その酒の強さは尋常ではなかった。六七年に引退、西鉄のプレイイング・マネージャーとなっていた中西太のもと、二年間コーチをつとめた。

七〇年、三十五歳のとき当時近鉄監督となっていた三原脩に招かれ、守備走塁コーチに就任した。そのまま定着して八四年には監督に昇格するはずだったが、女性問題が原因の離婚が近鉄フロントの不興を買い、岡本伊三美《いさみ》にその座を譲った。近鉄コーチ十八年、監督就任は一九八七年シーズン終了後、五十二歳であった。

八九年、近鉄球団はリーグ優勝のご褒美としてオフに選手一同のハワイ旅行を企画したが、シブチンで有名な近鉄は家族の旅費は選手持ちとした。不満の声が上がると、選手の妻は球団負担にしたが、子どもの旅費は選手負担であった。またビジネスクラスでは予約が取れなかったという理由でエコノミークラスの旅となった。このときホノルル空港の税関から仰木がなかなか出てこなかったのは、パンチパーマにサングラス、そのうえトランクに三百万円のキャッシュを入れていたので「ジャパニーズ・マフィア」では、と疑われたためだった。

パンチパーマ、サングラス、それにロレックスの腕時計、ベンツを好むのがプロ野球的、ことに西日本プロ野球的センスだったが、仰木の場合は運転免許を持たず、コーチ時代には近鉄電車で藤井寺球場に通勤した。監督昇格後は、彼が招いた中西太コーチの車で球場入りした。

そんな仰木の趣味は、まず酒であった。春のキャンプで球場に向かうときも、球場に着いてからも現役選手以上に走っていたのは、前夜の酒を抜くためだったという。筋トレにも熱心で、トレーニング・ルームのマシンを使う頻度が現役選手より高く、ゴルフ場では遅れたパートナーを腕立て伏せや腹筋をしながら待った。若くありつづけたい、女性にモテたい、筋肉を誇りたい、そんな気持がことさら強く、それは最期近くまでかわらなかった。

二大スターを育てた「育成手腕」

一九八九年晩秋のドラフト会議で、近鉄は八球団競合となった新日鐵堺所属、二十一歳の野茂英雄を獲得した。八人目に仰木が当たり籤を引いたのである。

その野茂は、投球するときほとんど後ろを向くような変則フォーム、のちに「トルネード」と呼ばれる投げ方だった。投手コーチは、あれではコントロールがつかないと否定的だったが、ビデオをていねいに見た仰木は、野茂と新日鐵堺の監督に、フォームをいじらないと告げた。

一年目、九〇年のオープン戦で野茂は不調だった。四球を連発するのである。ペナントレース開始後も敗戦がつづいた。しかし仰木は何もいわなかった。すると四月末にはプロ相手の投球術をつかんだか、フォークボールで三振の山を築くようになった。野茂はその年、一試合平均一〇・九九個の三振を奪って奪三振王、勝率一位、最多勝、最優秀防御率のタイトルを取った。しかし近鉄は、野茂の活躍にもかかわらず九〇年のシーズンを首位から一四・五ゲーム差の三位で終えた。九一年、九二年、ともに西武の後塵を拝する二位で、仰木は近鉄監督を辞した。

九四年、オリックス・ブルーウェーブ監督に招かれた仰木は、二軍の鈴木一朗(イチロー)を見てすぐに一軍に上げ、二番を打たせた。ドラフト四位で入団して以来、鈴木が一軍と二軍を往復させられていたのは、非力さを補うために二軍の打撃コーチと編み出した片足を上げて「振り子」のように振る打法を、一軍の打撃コーチや前監督が認めなかったためであった。しかし仰木は鈴木のフォームもいじらなかった。それどころか新井宏昌コーチを専属のようにつけて「振り子打法」を完成させようとした。

シーズン開始直前、仰木は三年目となっていた鈴木を呼び、本名が地味だから登録名を「イチロー」に改めてはどうか、といった。鈴木が渋ると、仰木はその場にドラフト一位ながら、もうひとつパッとしなかった外野手・佐藤和弘も呼んで、おまえはパンチパーマだから「パンチ佐藤」にしろ、といった。佐藤が即決で承諾したので、鈴木一朗も渋々ながら従った。

予告先発と「猫の目打線」

仰木の新機軸は選手の命名だけではなかった。ピッチャーの予告先発は、オリックスとパ・リーグ人気回復の手立てであった。相手投手にあわせて細かに選手と打順を変える「猫の目打線」は、その年から猛然と打ち出したイチローと、ドラフト一位でその才能を早くから認められていたもののスローイングに難があって内野では本領を発揮できず、仰木が外野にコンバートした田口壮以外は非力な打線を弥縫《びほう》するためであった。

イチローは天才ぶりを遺憾なく発揮、九四年から二〇〇〇年まで七年連続首位打者となった。また九四年から九八年まで最多安打、九五年には盗塁と打点でタイトルを取った。一番打者で打点王とは破格である。さらに九四年から〇〇年までの七シーズンで五回の最多出塁率を誇った。

この時期のオリックスの外野は、田口、本西、イチローで強肩の鉄壁、相手チームが走者三塁のとき外野フライを上げても犠牲フライにならないことが少なくなかった。さらにイチローの返球「レーザービーム」によって三塁でランナーがしばしば刺され、それは他球団、とくに西武の恐れるところとなった。

阪神・淡路大震災直後で一時は試合開催さえ危ぶまれた九五年のシーズン、オリックスは「がんばろうＫＯＢＥ」を合言葉に戦い、リーグ優勝した。日本シリーズでは野村克也監督のヤクルトスワローズに敗れたものの、翌九六年にもリーグ優勝、日本シリーズでは長嶋茂雄監督の読売ジャイアンツを四勝一敗で降して、初の日本一に輝いた。

九六年のオールスターゲームでパ・リーグ監督の仰木は、松井秀喜に対するワンポイントとしてイチローをマウンドに送った。イチローは高校時代にピッチャーであった。それもまたファンサービスだったが、このときセ・リーグ監督であった野村克也には通じず、野村は松井に失礼だとピッチャーの高津臣吾を代打に出した。仰木は二〇〇一年までオリックスの監督をつとめたが、その年イチローは大リーグのシアトル・マリナーズに移籍し、初年度から首位打者、盗塁王、最多安打、シーズンＭＶＰなどのタイトルを得た。

野茂とイチローのフォームをいじらなかったこと自体が仰木の功績だろう。才能があると認めた者には干渉しないという態度は、なかなかとりにくいものだ。もっとも、仰木はスター選手には柔軟に接したが、それ以外の選手には無茶苦茶きびしかったとの声も当時の選手から聞かれる。

近鉄で仰木のあとを襲った鈴木啓示《けいし》監督は、現役時代に三百勝をあげた自信から野茂にフォーム改造を命じ、嫌われた。鈴木監督のもとでは野球ができないと考えた野茂は、九五年、自らが強く望んだわけでもないメジャーに移籍したのだが、大リーグ百二十三勝の野茂の活躍は、皮肉なことに鈴木啓示がもたらしたのである。

生涯「パ・リーグひと筋」

二〇〇二年から〇四年まで解説者をつとめた仰木は、〇四年初め「野球殿堂」入りを果たした。この〇四年は、近鉄球団消滅というプロ野球を震撼させた事件の年である。これを機に読売、西武などは十球団一リーグ制をめざしたが、近鉄とオリックスの合併という荒業が実行され、楽天が仙台を本拠地とした新球団イーグルスの創設を発表して二リーグ制は維持された。ネット事業のライブドアも新球団創設に名のりをあげたが、こちらはほとんど顧みられなかった。

その〇四年シーズン終了後、新球団オリックス・バファローズの監督に仰木は就任した。六十九歳、当時最高齢の監督であった。

その直後の十二月、大阪のホテルで「仰木彬・殿堂入り記念パーティ」が開かれた。仰木自身はこのパーティを「生前葬」と呼んだが、中西太と近鉄OB中でもっとも親しかった金村義明ら一部の関係者以外は病気を知らなかったので、会場は明るい笑いに満ちた。

近鉄からヤクルトを経てメジャーのメッツに移り、帰国した〇三年にオリックスに入団して〇四年オフに戦力外通告を受けていた吉井理人《まさと》が、「最後は仰木さんのもとでプレーして終りたいですね」と挨拶をすると、仰木はその場で球団社長に「吉井を残してください。なんなら年俸は私が払いますから」といった。吉井は冗談と受け取ったが、〇五年のキャンプに仰木は吉井をテスト参加させ、新球団への入団を決めた。四十歳の吉井は、その年六勝をあげた。

このとき仰木は〇三年春に再発した肺がんの治療中であった。

最初の肺がん発症は九五年、千葉で行われた「がん撲滅チャリティゴルフコンペ」の帰り、中日に移った金村義明といっしょに帰る電車の中で倒れた。このときは手術で寛解に至ったが、その再発であった。

それでも免疫療法によって〇五年シーズン前半は元気で、酒量は変わらず、また選手にまじって筋トレに励んだ。だがシーズン後半、夏風邪をこじらせたのを契機に急速に弱った。

シーズン終盤には階段の昇降が困難となり、エスカレーター、エレベーターのない西武ドームでは、外野の大道具搬入口からグラウンドに出入りした。この年のオリックスは六二勝七〇敗四引き分けで四位、クライマックス・シリーズと呼ばれるプレーオフには進出できなかった。

最終戦翌日に監督を退任、球団のシニア・アドバイザーに就任したが、わずか二ヵ月後の十二月十五日に仰木彬は亡くなった。七十歳であった。西鉄時代の三原脩監督は、意外な作戦、意外な選手起用を行ってしばしば成功、「三原魔術」と称されたが、その継承者で「野武士」の生き残りでもあった仰木彬は、一九五〇年代西鉄ライオンズの記憶とともに去った。

2006年に死んだ人々

茨木のり子
宮川　泰
今村昌平
吉村　昭
ジョセフ・オツオリ
青島幸男

茨木のり子

〈詩人〉

「わたしが一番きれいだったとき」ほんとうにきれいだった人

■いばらぎ・のりこ
■2006年2月17日没(79歳)
■くも膜下出血

このたび私　年　月　日　にてこの世におさらばすることになりました。／これは生前に書き置くものです。／私の意志で、葬儀・お別れ会は何もいたしません。／この家も当分の間、無人となりますゆえ、弔慰の品はお花を含め、一切お送り下さいませんように。／返送の無礼を重ねるだけと存じますので。

二〇〇六年二月十九日、二日間連絡が取れなかったので、東京西郊・東伏見の小さな家でひとり暮らしの詩人、茨木のり子を彼女の甥・宮崎治が訪ね、亡くなっているのを見つけた。茨木のり子は七十九歳であった。

「別れの手紙」の原稿は鉛筆書きで、それを三つ折りの葉書大の手紙として二百五十部印刷したのは死の三ヵ月前、二〇〇五年十二月であった。そこに自らのスナップ写真が一点添えられていた。かねてから甥が聞いていた伯母の「遺言」は、「別れの手紙」に死亡の日付と病名を入れ、リストにしたがって発送して欲しい――それだけであった。

彼は「別れの手紙」の空欄に日付「二〇〇六年二月十七日」と病名「くも膜下出血」を入れ、伯母の住所録と献本先のリストから名前を拾い出した二百数十人に、約ひと月後「茨木のり子代」の署名で送った。

残された詩稿『歳月』

密葬が終り、山形県鶴岡市にある茨木のり子の亡夫の菩提寺に納骨をすませた。宮崎治が伯母の家を妻と片付けていた六月初旬、無印良品のボール箱を見つけた。

箱の蓋にしるされた「Y」とは夫、三浦安信の頭文字であった。

「箱を開けてみると、その中には推敲が済み、清書され、几帳面に一篇ごとクリップでとめられた未発表の詩と、詩のタイトルを順番に並べた目次のメモ、草稿のノートなどが収められていた」（茨木のり子詩集『歳月』に付された宮崎治「「Y」の箱」）

全部で四十篇。夫・三浦安信が亡くなった一九七五年五月以降、三十一年の間に書きためた「夫《つま》恋い」の詩であった。

茨木のり子は一九四九年、二十三歳のとき医師三浦安信と結婚、五八年には保谷市(現西東京市)東伏見の三十五坪ほどの土地に小さな家を建てた。一階は、玄関と二階へつづく階段、バス・トイレ、洗面所と洗濯室だけで五坪、あとはピロティになっていた。二階の十四坪分2LDKの居住区に夫婦で住み、夫はそこから北里研究所附属病院に毎日通った。仲のよい夫婦だったが子どもはいなかった。七五年、茨木のり子が四十八歳のとき、夫は肝臓がんで亡くなった。以来彼女は東伏見の家にひとりで三十年あまり住んだ。

茨木のり子には生前八冊の詩集があったが、どれも二十篇程度を収めている。しかし、箱の中の未発表詩はその倍ほどある。本人がこのすべてを発表することを望んでいたのか迷うところはあったが、今となっては取捨選択は困難である。宮崎治は、既刊詩集に収録されている作品の原型であることが明白な一篇を除いた三十九篇を刊行することにした。ただタイトルがなかった。本人が決めずに他界してしまっていた。そこで最後の収録作品「歳月」が、詩集の表題としてもっともふさわしいと考え、そのように命名した。

「わたしが一番きれいだったとき」

茨木のり子は一九二六(大正十五)年、大阪に生まれた。父親も医師であった。その後父の勤務地である愛知県西尾に移り、そこで長じた。

長身の美貌の少女は、戦争中の四三年、のち東邦大学となる帝国女子医学薬学専門学校に入った。女も資格を取り、自活する力を養うべし、という父の方針に従ったのである。だが戦争末期の四五年には学校ごと勤労動員され、敗戦も動員先の海軍療品廠で迎えた。十九歳であった。

四六年春に学校再開、その年九月に繰り上げ卒業した。卒業と同時に薬剤師免許が交付されたが、文学と演劇に強い興味を抱いた彼女は、ついに一度も免許を使うことがなかった。

わたしが一番きれいだったとき／街々はがらがらと崩れていって／とんでもないところから／青空なんかが見えたりした
わたしが一番きれいだったとき／まわりの人達が沢山死んだ／工場で　海で　名もない島で／わたしはおしゃれのきっかけを落してしまった（……）
わたしが一番きれいだったとき／わたしの国は戦争で負けた／そんな馬鹿なことってあるものか／ブラウスの腕をまくり卑屈な町をのし歩いた（……）
だから決めた　できれば長生きすることに／年とってから凄く美しい絵を描いた／フランスのルオー爺さんのように／ね

（「わたしが一番きれいだったとき」、一九五八年の第二詩集『見えない配達夫』より）

茨木のり子は立派な「軍国少女」であった。対米英戦争開戦の四一年に愛知県立西尾高等女学校の三年生だった彼女は「分列行進」の中隊長で、全校生徒に大声で行進の号令をかけた。しかし終戦後ひと月もたたぬうちに「民主主義者」にかわった。

「それが今ふりかえると許せないって感じ。その程度のものだったのかなあという感じですね。国のために死のうと思ってましたから」

という彼女の言葉を、一九九九年に遅れて読者となったノンフィクション作家の後藤正治は、二〇一〇年に刊行した茨木のり子の評伝『清冽』中に引いている。

一九九〇年代のことだと思うが、医師になった甥・宮崎治はのちに結婚する女性と伯母、三人で渋谷・NHKホールにボストン・ポップス・オーケストラのコンサートを聴きに行ったことがあった。オープニングで「君が代」と「アメリカ国歌」の演奏が始まると、聴衆はあわただしく起立した。〈そのとき伯母は「私は立たないわ、あなたたちは好きにしなさい」といって座っていた。私も妻も伯母と同じく座ったまま演奏を聴いたのだが、その時の光景は強く私たちの印象に残っている〉(宮崎治「伯母の食卓」)

だが、茨木のり子からは戦争中の青春の記憶も消えなかった。

五三年、二十七歳の彼女は「根府川《ねぶがわ》の海」と題した詩を書いた。根府川は東海道線小田原から熱海方向に向かって二つ目の駅で、ホームの崖下に太平洋が見える。

根府川／東海道の小駅／赤いカンナの咲いている駅
たつぷり栄養のある／大きな花の向うに／いつもまつさおな海がひろがつていた
中尉との恋の話をきかされながら／友と二人ここを通つたことがあつた（……）
女の年輪をましながら／ふたたび私は通過する／あれから八年／ひたすらに不敵なこころを育て
（「根府川の海」、五五年の第一詩集『対話』より）

彼女は「戦中派」であった。「戦争で負けた」とき「一番きれいだった」戦中派の美少女であった。

「たったの一瞬思い出して下されば」

夫に先立たれた翌年、一九七六年四月、彼女は一念を起こして朝日カルチャーセンターの韓国語講座に通い始めた。講師は金裕鴻《キムユホン》、茨木のり子は四十九歳になっていた。

七六年のある日、金裕鴻が東京外国語大学の長璋吉《ちょうしょうきち》に会ったとき、「先生はしあわせものですね。高名な詩人が生徒にいるなんて」といわれた、と『清冽』にある。長璋吉は戦後日本の朝鮮学の草分けで、六〇年代末にソウルへ留学し、『私の朝鮮語小辞典』を書いた人である。

しかし金裕鴻には心当たりがなかった。

〈「ええ？　そうなんですか。なんという方なんですか？」

「茨木のり子さん。ご存じじゃないのですか？」〉

受講者名簿にその名前はない。クラスのひとりから「三浦のり子」という受講者がその人であると聞いた。

彼女は、初級、中級、上級と進んだ。その後は金裕鴻をかこむ有志の勉強会に参加して都合十年におよんだ。七七年にはじめて訪韓、八六年、エッセイ集『ハングルへの旅』を刊行した。九〇年には、韓国詩人十二人の詩六十二篇を翻訳した『韓国現代詩選』を出版、翌九一年、六十四歳のとき、それで読売文学賞を受けた。

二〇〇〇年、茨木のり子は大動脈解離で入院した。乳がんも見つかったので、その手術も受けた。愛知県の実家の医院を継いでいた弟が亡くなった〇二年頃から、彼女は家にこもりがちになり、電話もとらなくなった。

〇四年、心配した編集者が、金裕鴻が相手なら外出してくれるのでは、と対談を企画した。指定されたホテルに現れた彼女は体調がすぐれないようすで、眼を閉じたままで金裕鴻と話した。同年刊行の対談『言葉が通じてこそ、友だちになれる』が生前最後の本となった。

死の準備をすっかり整えた彼女の自筆「別れの手紙」の後段は、このようであった。

「あの人も逝ったか」と一瞬、たったの一瞬思い出して下されればそれで十分でございます。／あなたさまから頂いた長年にわたるあたたかなおつきあいは、見えざる宝石のように、私の胸にしまわれ、光芒を放ち、私の人生をどれほど豊かにして下さいましたことか……。／深い感謝を捧げつつ、お別れの言葉に代えさせて頂きます。／ありがとうございました。

宮川 泰

〈作曲家、編曲家〉

「若いってすばらしい」

■みやがわ・ひろし
■2006年3月21日没(75歳)
■虚血性心不全

ザ・ピーナッツの新曲レコード『ふりむかないで』が発売されたのは昭和三十七(一九六二)年二月であった。

作曲した宮川泰は大阪から東京に活動拠点を移して六年目の三十歳、作詞の岩谷時子は四十五歳、双子歌手のザ・ピーナッツは二十歳であった。『ふりむかないで』をラジオで聞いて驚いた私は、新潟県の小学校六年生の終りであった。

「ふっりむかなっハハハいでェー　おっねがいだっハハからアァアー」

ザ・ピーナッツの歌い方は衝撃だった。一年前に坂本九が人々を驚かせた歌い方、「うえホォむゥヒて、あーるこホウォウォウォ」から影響を受けて、あざとさと紙一重のおもしろさだった。

春になって中学校に入ると、同級の小柄で色黒、頭のいいスミちゃんが放課後、教室の清掃をしながら『ふりむかないで』を口ずさむのを聞いた。

「この歌、いいよね」と私がいうと、彼女はモップを搾りながら「いいよね」とこたえた。

「ふりむかないで　お願いだから」のあとは、こうつづく。「今ね　くつ下　なおしてるのよ　あなたの好きな　黒いくつ下」

私はスミちゃんにいった。「くつ下直してるのよ、ってとこがとくにいい」

「そうよね、いいよね」とスミちゃんはいった。

「破けやすいからね、女の子のくつ下」というと、スミちゃんは私の顔をまじまじと見た。

歌詞の後段はこのようだ。

「これから仲よく　デイトなの　ふたりで　語るの　ロマンスをウォウォウォウォウォ」

シームありかシームレスかはわからないが、スカートをたくし上げて黒いナイロン・ストッキングのずれを直している、そういうシーンを私は思い浮かべもしなかった。「くつ下、直してるのよ」を「くつ下、つくろってるのよ」と理解していた。実際、うちの母親は始終家族のくつ下を直していた。穴があいたから捨てるという時代ではなかった。

私はひそかに赤面したが、ザ・ピーナッツの歌のうまさ、この歌の歌詞とメロディのあたらしさへの評価はゆるがなかった。歌謡曲ファンで、自転車通学しながら春日八郎の歌ばかり歌っていた私にとって、まさに文化的衝撃であった。

「バカンス」⁉

岩谷時子という作詞家、宮川泰という作曲家の名前をはっきり記憶したのは、やはりザ・ピーナッツの『恋のバカンス』を聞いたときである。

「ためいきの　出るような　あなたの　くちづけに　甘い恋を夢みる　乙女ごころよ」

「金色に輝く　熱い砂のうえで　裸で恋をしよう　人魚のように」

だが、タイトルの「バカンス」がわからない。当時「V・A・C・A・T・I・O・N」とアルファベットをそのまま歌うポップスのカバーが流行していたが、「バケイション」とどう違うのか。クラスの物知り、コバヤシ君に聞いてみた。

「バカンス」はフランス語だね。で、南フランスの「紺碧海岸」だね、とコバヤシ君はいった。『悲しみよ　こんにちは』を読んでないか、と彼が聞くので、読んでない、とこたえた。「ため息が出るようだぜ」、コバヤシ君は笑いながらそういった。

『ふりむかないで』では『上を向いて歩こう』の坂本九を真似たが、同時にポール・アンカ『ダイアナ』のイントロの「エッセンス」も借りた、と宮川泰はいう。『恋のバカンス』でもポール・アンカ『君は我が運命《さだめ》』のリズムを借りたので、当初はずっとテンポの遅い曲だった。だが、バンドマスターから渡辺プロダクション社長となった渡辺晋が、パクリはいけない、「ジャズといえばフォービートだろ」といったので、現状の曲になった。

そんなこんなで宮川泰は「無国籍作曲家」と呼ばれたのだが、本人は「パクリ」ではない、ヒントをもらって本家よりずっとよくしたのだ、といった。

模倣から「アレンジ」へ

宮川泰の「泰」は「ひろし」だそうだが、そう読める人はいなくて、みな「やすし」とか「たい」と呼んだ。北海道生まれなのに全国を転々としたのは、父親が住友系の建設会社に勤める土木技術者だったからだ。中学だけで北海道、和歌山、大分、大阪と四校、旧制中学が新制高校に移行した昭和二十四(一九四九)年に大阪で卒業した。京都市立美術大学に進んだのは、得意な絵と音楽、どちらで生きていくか決めかねていたからである。

学生時代から大阪ミナミのクラブでピアニストとして働いた。楽譜は読めないが、一度聴いたらなんとなく弾けるという特技があった。おなじクラブで演奏のアルバイトをしていた大阪学芸大の教官に誘われ、小学校の音楽教員になるつもりはなかったのだが、試験を受けて転学した。学芸大で知りあった年下の恋人が宮川より早く卒業、ピアノを買って待ってるわ、と言い残して東京に就職したのを機に、昭和三十一年、二十五歳で大学を中退、上京した。学校の授業は「タクシーの運転手が交通法規を習っているようなもの」だったので未練はなかった。宮川泰夫人となる恋人の家に約束通りあったピアノは、アメリカに活動拠点を移したジャズ・ピアニスト秋吉敏子から、平均的初任給の約十倍、十万円で譲り受けた中古であった。

東京では平岡精二のバンドから始めて、上海帰りのダンサー和田妙子が経営する内幸町の伝説的な店「マヌエラ」や進駐軍キャンプで演奏した。一時自分のバンドも持ったが、「渡辺晋とシックスジョーズ」のメンバーに落ち着いた。売れているピアニストを真似て演奏するのが得意だった宮川泰は、猛練習で真似を独自技術の域に引き上げた。譜面を読んで「アレンジ」(編曲)を知り、実演しながら技を磨いた。

昭和二十八年に始まった民放テレビを方向づけたのは「学童疎開」世代の台本作家たちだったが、ジャズブーム以来の戦後ポピュラー音楽シーンも、その世代と、それよりわずかに上、宮川泰のような戦中に中学生だった世代でアメリカ文化に抵抗感を持たない「器用人」たちがつくったのである。

「ザ・ピーナッツ」誕生

昭和三十三年、「渡辺晋とシックスジョーズ」が名古屋に出向いたとき、バンドのドラマー、ジミー竹内が、すばらしく歌のうまい双子の女の子がいる、といったので出演している店にみんなで見に行った。それは伊藤シスターズという地味な名前の十六歳のふたりで、楽譜は読めなかったが、一度メロディを聞けばすぐに歌えるし、ごく自然にハモるのである。渡辺晋は双子を、妻・美佐と始めたばかりの「渡辺プロダクション」と契約させ、日本テレビでバラエティ・ショー「光子の窓」をつくった井原高忠に「ザ・ピーナッツ」というグループ名をつけてもらった。芸名も伊藤日出代、月子から伊藤エミ、ユミにかえた。

翌昭和三十四年春に十八歳でデビューしてすぐ、ザ・ピーナッツはフジテレビ社員でのちに作曲家となるすぎやまこういちがプロデュースした「ザ・ヒットパレード」のレギュラーとなった。昭和三十六年には日本テレビのバラエティ番組「シャボン玉ホリデー」の司会をクレージーキャッツのリーダー、ハナ肇とともにつとめ、民放テレビの主流を歩んだ。デビュー以来、『可愛い花』『月影のナポリ』など外国曲のカバーばかりを歌っていたザ・ピーナッツにとって、『ふりむかないで』は初のオリジナル曲であった。

『ふりむかないで』を作詞した岩谷時子は、大正五(一九一六)年、朝鮮・京城で生まれた。祖父が朝鮮総督府の高級官僚だったからである。内地に戻って阪神間で育ち、神戸女学院を卒業して昭和十四年、二十三歳で宝塚歌劇団の出版部員となり十五歳の新人越路吹雪と知りあった。奔放な性格で、とくに歌に才能を見せた男役・越路吹雪とは、姉、年長の友人、マネージャー、恋人のような間柄となり、昭和二十六年に越路が宝塚を退団、歌手として立つために上京したときも行動をともにした。岩谷時子自身は宝塚を辞めるつもりでいたが、東京の東宝文芸部移籍というかたちになったのは小林一三の配慮であった。

岩谷時子は越路吹雪のために『愛の讃歌』『ラストダンスは私に』『ろくでなし』『サン・トワ・マミー』『バラ色の人生』などを訳詞した。越路吹雪が昭和五十五年、五十六歳で亡くなるまで親密でありつづけた彼女が、宮川泰の依頼で書いた『ふりむかないで』は、岩谷時子にとっても初めてのオリジナル詞であった。

「無国籍風」にリメイク

三十三歳の宮川泰、四十九歳の岩谷時子がつくり、二十三歳のザ・ピーナッツが歌った『ウナ・セラ・ディ東京』の発売は昭和三十九年であった。

「哀しいことも　ないのに　なぜか　涙がにじむ　ウナ・セラ・ディ東京」

ザ・ピーナッツが、ものうく、悲しくハモって歌った歌の題名の意味は、物知りのコバヤシ君も知らなかった。悔しそうにフランス語じゃないよな、といった。でも、わかんなくてもいいんじゃない？　何か感じがあれば、とつづけた。

この歌は前年におなじメンバーでつくった『東京たそがれ』が売れなかったので、タイトルをイタリア語(「東京のある宵」)にかえてリメイク、リセルして売れたのである。いつもと違って宮川泰の曲が先にでき、曲にあわせて詞を書いた。録音当日、宮川が自分のアレンジをもう一度確かめると、メロディが六小節分余っていた。そこで、岩谷時子にその場で歌詞を書き足してもらったのである。「街はいつでも　後ろ姿の　幸せばかり」という部分がそれである。

その後の宮川泰は、前田憲男、服部克久とともに三大アレンジャーといわれた。メロディ以外、その曲に関するすべての音をつくるのがアレンジャーの仕事で、歌番組全盛であった昭和四十年代にはいくらでも需要があった。そのうえ宮川泰はテレビ画面に「出たがり」だったから、文字通り寝るヒマもなかった。

昭和三十四年から昭和四十九年まで十六回連続でNHK紅白歌合戦に出場したザ・ピーナッツは、ヨーロッパでもドイツ、イタリアを中心に高い人気を得た。『恋のバカンス』はソ連邦時代のロシアで愛された。ふたりは昭和五十年、三十四歳で引退、姉エミ(ホクロのある方)はその年六月、歌手・俳優の沢田研二と結婚した。やがて男の子を出産したが昭和六十二年に離婚した。

宮川泰が膵炎で入院したのは一九九一(平成三)年であった。そのとき見舞いにきたザ・ピーナッツは、一見して彼女たちとわからないくらい太っていた。この天才ユニットのエミが亡くなったのは二〇一二年六月十五日、七十一歳だった。妹ユミが亡くなったのは四年後、二〇一六年五月十八日だが、その死が公にされたのは二ヵ月後であった。

岸洋子『夜明けのうた』、沢たまき『ベッドで煙草を吸わないで』、加山雄三『旅人よ』、佐良直美『いいじゃないの幸せならば』、園まり『逢いたくて逢いたくて』、ピンキーとキラーズ『恋の季節』など、ヒット歌謡曲の歌詞を書いた岩谷時子は、晩年まで帝国ホテルの一室に事務所兼用で暮らしていたが、二〇一三年十月二十五日に九十七歳で亡くなった。

一度ハワイへ行ったことがあるだけで外国に縁のなかった彼女なのに、その異国風の詞、あるいは「無国籍」の洒落た詞には魅力と説得力があった。それは西欧の戦後的受容のスタイルであった。

「若いってすばらしい」

晩年の宮川泰は若い世代のつくる歌に対して批評的であった。彼はその自伝『若いってすばらしい』で、こんなふうに語っている。

「テンポは速いし、キーは高いし、メロディの上がり下がりは激しすぎて疲れちゃう。歌詞は詰め過ぎで画面にテロップで詞を流してくれないと何を言っているのかよくわからないし、それでも頑張って詞を聴いてみると、なんだか自分たちの主張をがなっているだけ」

「日本の歌謡曲にも一九七〇年代あたりまでは非常に素晴らしい曲がありましたよ。それが徐々に減っていって、九〇年代には完全に今の状況が出来あがってしまった」

自伝『若いってすばらしい』は、彼が自作中もっとも気に入っている歌の題名を流用した。安井かずみ作詞で槙みちるが歌った昭和四十一年の作品である。

「あなたに　笑いかけたら　そよ風がかえってくる　だからひとりでも　さみしくない　若いってすばらしい」

この歌は、実は『明日があるさ』(青島幸男作詞、中村八大《はちだい》作曲、坂本九歌唱、六三年)の「アンサーソング」なのだという。

「いつもの駅で　いつも逢う　セーラー服のお下げ髪　もうくる頃　もうくる頃　今日も待ちぼうけ」

いかにも高度経済成長前半期的に明るくて軽快、ちょっと切ない味を加えた歌謡曲で、各コーラスの最後で「明日がある　明日がある　明日があるさ」と繰り返す。

宮川泰をはじめこの項の登場人物たちの全盛期は一九六〇年代なのだが、西暦でいうと感じが出にくい。一部にあえて元号を使ったのは、明るくて軽いという特徴のほか、ヨーロッパ的なものへの思い入れが深く、また過剰なまでに「若さ」を称揚した一時代は「昭和三十年代」という方がふさわしいと思われたからだ。

安井かずみは一九九四年に五十五歳で亡くなったが、『若いってすばらしい』を歌ったあと一九七〇年に一度引退した槙みちるは、その後復帰、多くのCMソングを歌った。

宮川泰は七十五歳になって四日目の二〇〇六年三月二十一日、虚血性心不全で亡くなった。葬儀では、自らが代表作と考えた『宇宙戦艦ヤマト』が演奏された。

昭和三十年代後半、中学校で私と同級だったスミちゃんは、お兄さんが亡くなったあと実家の和菓子店の社長となり、やがて娘の婿に会社を譲って引退した。物知りのコバヤシ君は通産省に入ったと聞いたが、その後は知らない。

＊日本音楽著作権協会(出)許諾第二一〇八五〇四－一〇一号

今村昌平

〈映画監督〉

映画監督の人生

■いまむら・しょうへい
■ 2006年5月30日没(79歳)
■肝臓がん

『にあんちゃん』(一九五九年)、『豚と軍艦』(六一年)、『にっぽん昆虫記』(六三年)、『赤い殺意』(六四年)などの傑作を三十代のうちにつくった映画監督・今村昌平は、六六年に日活を退社して今村プロを創設したが、以後はお金にひどく苦労した。南島ロケが思わぬ長期にわたって予算超過した『神々の深き欲望』(六八年)のあと、『復讐するは我にあり』(七九年)まで九年間映画を撮れなかった。その後もだいたい三年に一作のペースだったのは、自宅を抵当に入れて捻出した製作資金の返済に、少なくとも三年はかかったからである。

八三年、『楢山節考』がカンヌ国際映画祭でパルム・ドール(黄金のヤシの葉=グランプリ)を受けたときは、ただ意外だった。この年は大島渚の『戦場のメリークリスマス』の前評判が高かったし、カンヌ映画祭と自分は元来ミスマッチだと信じていたからである。もともと想定していなかった授賞式に本人は出席しなかった。だがおかげで映画の客入りがよくなり、海外にも高く売れたので、今村プロと今村家の財政は破綻をまぬがれた。

二度目のパルム・ドール

日本の映画産業は一九六〇年代前半から急速に不振となり、七〇年代に入ると、戦前戦後を通じて日本映画の質と量を支えてきた「撮影所」はつぎつぎ縮小・閉鎖に追い込まれた。

撮影所は映画製作スタッフを育てる機能も兼ねていたから、おのずと人材は払底する。自ら松竹大船と日活調布で現場感覚を鍛えた今村昌平は強い危機感を持ち、七五年、スタッフ養成のための二年制「横浜放送映画専門学院」を横浜駅前ビル内のボウリング場跡に設立した。七〇年代、今村家では、夫人が『あしたのジョー』『サザエさん』『タイガーマスク』などアニメの下請けで「馬車馬のように働いて家計を支えた」（天願《てんがん》大介「親父の横顔——息子から見た今村昌平」）。八五年には三年制の「日本映画学校」（現在は日本映画大学）とし、翌八六年、小田急電鉄の協力を得て小田急線新百合ヶ丘駅前に新校舎を建設して移転した。この学校の赤字の一部も『楢山節考』の収入で埋められた。八九年、今村昌平は『黒い雨』を発表した。評価は高かったものの客入りは必ずしもよくなかった。

九七年、今村昌平は『うなぎ』でカンヌ国際映画祭二度目のパルム・ドールを受賞した。アッバス・キアロスタミ監督の『桜桃の味』と同時だった。この年、映画祭五十周年を記念して、歴代受賞者を招いたパーティが映画祭期間中に催され、今村昌平も参加した。

マーチン・スコセッシ(『タクシードライバー』七六年)、アンジェイ・ワイダ(『鉄の男』八一年)など錚々たる面々の中でも目立ったのは五十八歳になったフランシス・フォード・コッポラだった。存在を主張し過ぎて威圧的とさえ感じられた。

『ゴッドファーザー』(七二年)で複雑な物語を統御する実力を見せたとき、コッポラはまだ三十二歳だった。コッポラもカンヌで二度パルム・ドールを受けていたが、『ゴッドファーザー』ではなかった。『カンバセーション…盗聴…』(七四年)と『地獄の黙示録』(七九年)であった。

パーティ会場で人の輪を離れ、ぽつんとたたずむ白人老監督の姿が今村昌平の注意を引いた。黄色の派手なスーツ姿で、鼻のあたりに小津安二郎の面影がある。

小津の非情さ

今村昌平は五一年、松竹大船撮影所に入り、すぐに小津安二郎監督の『麦秋』で五人目、番外の助監督としてついた。『お茶漬の味』(五二年)、『東京物語』(五三年)でも小津組に名を連ねた。

『東京物語』は、尾道から上京して、子どもたちと戦死した次男の嫁（原節子）を訪ねる老夫婦（笠智衆、東山千栄子）のお話だが、その帰途の車中で老母は発病、なんとか尾道へ帰ったものの死んでしまう。たまたまこの映画の撮影中の五三年十月、今村の母は脳溢血で亡くなっていた。豪快な性格と丈夫な体の持主であった母の、五十九歳での若い死であった。

葬式を終えて撮影所に戻ると、映画は仕上げのダビング作業に入っていた。ちょうど東山千栄子が死ぬシーンで、それが何度も繰り返し映し出された。耐え得ず今村はトイレに立った。泣きながら小便をしていたとき、隣にやってきた小津が用を足しながら、「どうだい、脳溢血で死ぬってのはあんなもんだろう」といった。

〈私の泣き顔に自分の映画の迫真の力を確かめて、満足している風であった。

「はあ、あんなもんです」。やっとの思いでそんな風に答えながら、私はこの世に映画監督ほど非情で恐ろしい人種はいないと思った〉（今村昌平『映画は狂気の旅である　私の履歴書』）

助監督が六十人以上いる松竹ではいつ監督になれるかわからない。今村昌平は五四年春、調布に巨大なスタジオを建設して製作再開した日活に移籍した。その秋、松竹で一作だけ助監督についた川島雄三監督が日活に移ってきた。その一作は『相惚れトコトン同志』という題名のプログラム・ピクチャーで、うんざりした今村昌平が「なぜこんなひどい作品を撮るんですか」と問うと、川島雄三は「生活のためです」とこたえた。そんな川島がジャズドラマーのフランキー堺主演、日活で撮った恐るべき喜劇『幕末太陽傳』(五七年)の脚本を今村は山内久《やまのうちひさし》と共同で書き、チーフ助監督についた。

翌五八年、三十二歳のとき今村昌平は『盗まれた欲情』で一本立ちした。あえて煽情的なタイトルは会社からのお仕着せであった。

スタジオよりロケ撮影を好む今村昌平は、非情なまでの粘りとその結果の予算超過で会社の受けはよくなかったが、やがて興行的にも健闘して斜陽となった日活を大いに助けた。『豚と軍艦』の脚本を書いていたとき、小津に「なぜ君はウジ虫ばかり書くんだね」と尋ねられた。今村昌平は口では適当な受け答えをしながら、内心では「このくそじじい」と毒づき、「上等だ、俺は死ぬまでウジ虫を書いてやる」とうそぶいた。

『かくも長き不在』一作のみ

カンヌ映画祭の記念パーティでひとりぽつねんとたたずむ老人は、六一年に『かくも長き不在』でパルム・ドールを受賞したアンリ・コルピ監督であった。

マルグリット・デュラスが脚本を書いたこの映画の舞台はパリ郊外のカフェである。ドイツ軍のパリ占領中に夫が行方不明となったカフェの女主人を演じたのはアリダ・ヴァリ、彼女は第三回カンヌ国際映画祭グランプリ、キャロル・リード監督の『第三の男』にも出ている。

『第三の男』ではオーソン・ウェルズ演じるハリー・ライムのかつての恋人役であった。ハリーの旧友の作家役、ジョセフ・コットンとともに分割占領されたウィーンの街区でお尋ね者となったハリーを探しまわる。やがてハリーは英占領軍がジョセフ・コットンの協力のもとに仕掛けた罠にはまって地下の下水道に逃げ込み、そこで射殺される。ラストシーンではハリーの埋葬を終えた彼女が、冬枯れの並木道のはるか彼方から真っ直ぐカメラの方に歩いてくる。途中で待つコットンを一顧だにせず、カメラを越えて歩み去る。

アリダ・ヴァリの本名はアリダ・マリア・ラウラ・フォン・アルテンブルゲル、オーストリア貴族の血を享け、当時イタリア領であった母の故郷、アドリア海に突き出たイストリア半島先端の古い街プーラ(現クロアチア)で一九二一年に生まれた。複雑な血筋を反映してか『第三の男』(四九年)での彼女は、当初ハンガリー人、のちにエストニア人と設定された。『第三の男』のあと、ルキノ・ヴィスコンティ『夏の嵐』(五四年)、ミケランジェロ・アントニオーニ『さすらい』(五七年)に出た。『かくも長き不在』に主演したときは監督のアンリ・コルピと同年、四十歳であった。

カフェの女主人は、いつの頃からか店の前をよく通るホームレスの男が気になっている。十六年前、ゲシュタポに連行されたまま消息を絶った夫に似ている。何かと親切にしてみるが、男からの反応は得られない。記憶を失っているのだ。頭に古い傷跡がある。

男は夫か。それともよく似たアカの他人か。どちらともわからぬまま映画は進行する。雑誌の写真の切り抜きに強い執着をしめす男に、ある夏の日、女主人は大量の古雑誌を用意したうえで、昔を思い出させる手立てとして自宅での晩餐に招く。おどおどするばかりの男を励まして、ともに踊ってもみたが無駄だった。

夜の街路に去る男の後ろ姿に、女主人は覚えず「アルベール！」と呼びかける。夫の名前である。しかし男は振り返らない。事情を知る近所の人たちも、「アルベール！」と叫ぶ。

男は立ち止まった。そして背を向けたまま、両手を高く掲げた。誰何《すいか》されて、過去の記憶が束の間よみがえったのだ。それから男は突然大通りへ向かって走り出す。通りかかった大型トラックのヘッドライトのまばゆい光が男を溶かす。

「すぐにまた冬がくるわ」とつぶやく女主人の日常が変わらぬままにつづくことを暗示して、映画は終る。

老監督の涙

今村昌平が『かくも長き不在』を見たのは日本公開された一九六四年、『赤い殺意』をつくった三十八歳のときで、深い印象をとどめた。

コルピと今村の、通訳を介した会話はもどかしかった。しかし七十一歳になった今村が、映画のラストシーン、男の両手を高く掲げる仕草をしてみせたとき、七十六歳のアンリ・コルピの目から大粒の涙がこぼれた。

スイス出身、もともと映画の編集マンであったアンリ・コルピは、アラン・レネ『二十四時間の情事』(五九年)、『去年マリエンバードで』(六一年)などの編集を担当した。『二十四時間の情事』はエマニュエル・リヴァ、岡田英次主演、広島と井の頭植物園でロケした作品である。四十歳ではじめて撮った映画『かくも長き不在』でパルム・ドールを受賞して世界に名を馳せたアンリ・コルピだが、その後は鳴かず飛ばず、生涯ただ一作の監督であった。

「もらい泣きしている通訳の横で、私はカンヌに来て本当に良かったと思った。老監督の孤独な貧乏暮らしを想像し、自分の貧乏などまだ甘い、と思った。もっと苦労して、いくら借金をしてでも妥協しないで納得できる映画を作らねばならない、と家族には決して聞かせられない誓いを新たにした」(同前)

翌九八年は『カンゾー先生』が特別招待されたので、気楽な気分で再び映画祭に参加した。坂口安吾の小説を原作に、町医者だった今村自身の父親への思いをこめた映画であった。

フランス語字幕なのでニュアンスが伝わるかどうか不安だったが、観客はツボをはずさずに笑ってくれた。

「終わると満場の拍手がわき起こった。皆が立ち上がって私に笑顔を向けている。ガキのころを除けばついぞ泣いたことなどないのに、この時ばかりは涙腺がゆるんで困った」

去る「大正世代」

この時期から息子の天願大介が脚本に参加し、現場で今村昌平を助けた。暴飲暴食のせいか二十代終りから発症した糖尿病が悪化して、立っているのも辛い健康状態になっていたからである。

さらに病状は進行し、渋谷区の特別養護老人ホームの入居待ちをした。率直にいえば、亡くなる人が出ての空き待ちだが、順番があと少しというところまできていた二〇〇六年五月三十日、偉大な映画監督は亡くなった。肝臓がん、七十九歳であった。

その四ヵ月前の〇六年一月十四日、アンリ・コルピがひっそりと亡くなっている。八十四歳であった。また今村の死の前月、四月二十二日にはアリダ・ヴァリが、やはり八十四歳で死んでいる。コルピとヴァリは日本の元号で数えれば大正十(一九二一)年生まれ、原節子の一年下である。今村昌平は大正十五年生まれ、すでに「大正世代」、あるいは第一次世界大戦直後生まれの人々が姿を没する時代になっていた。一九六三年十二月の小津安二郎没後、六十五年間の長きにわたって鎌倉の自宅に隠棲するごとくであった原節子は、二〇一五年九月五日、肺炎で亡くなった。九十五歳であった。その死が近親者によって明らかにされたのは三ヵ月近いのちの十一月二十五日であった。

吉村　昭

〈作家〉

「昭和」の子にして歴史小説の「化物」

■よしむら・あきら
■2006年7月31日没(79歳)
■舌がん、膵臓がんの末期治療中に自死

歴史小説の巨匠・吉村昭が舌がんを発病したのは二〇〇五年初め、七十七歳のときだった。その年、三度の放射線治療を受けた。しかし膵臓にもがんが生じていて二〇〇六年二月、膵臓全摘手術を受けた。

手術後は自宅で療養することをえらび、家族が介護した。病気を公にすると「お見舞いなどで関係者に迷惑をかけるから」と、やむを得ない一部を除いて秘したので、周囲は老化による体力の衰えのせいであまり外出しなくなったのだろうと受け取った。

〇六年七月十日に病状が悪化、再入院したがすでに治療の甲斐はなかった。七月二十四日、本人が強く望んで、東京西郊、井の頭公園近くの自宅に戻った。

東京初空襲

大正時代は大正天皇の死とともに終った。昭和と改元されたのは一九二六年十二月二十五日であったから昭和元年は一週間しかなく、明けて一九二七年、昭和二年が事実上昭和最初の年であった。その年生まれの子に親は、昭夫、昭子、和夫、和子などと命名しがちだったが、昭和二年五月一日、東京・日暮里《にっぽり》の製綿・綿糸紡績工場を経営する吉村家に生まれた男の子は昭と名づけられた。吉村家は十人きょうだいだったが、男ばかり七人が育ちあがって昭はその六番目であった。昭和の子、下町の子である吉村昭は、当然のごとくその十代に戦争と空襲を体験することになった。

実家から遠くない東京開成中学に進んだ昭は、落語を好んで寄席通いに熱中、また凧揚げを愛する少年であった。一九四二(昭和十七)年、三年生になった吉村昭が十五歳の誕生日を迎える少し前、四月十八日は、よい風の吹く土曜日だった。早めに学校から帰った彼は、屋根の上の物干し台に上がり、南側の谷中墓地の方に向けて武者絵の六角凧を揚げた。

爆音が聞こえたので見上げると、迷彩をほどこした大きな飛行機がすぐそこにいた。星のマークをつけたそれは、驚くべき超低空で地を這うように飛んでいた。からみつくのを恐れた吉村昭が凧の糸を手繰り寄せたほどだった。双発機で、両端に垂直尾翼が二本立っていた。機首と胴体に機銃を突き出させた飛行機は谷中墓地の方角へ去った。

中国戦線で捕獲した敵機を、軍が試験飛行させたのかと思った。しかし、手が届きかねない風防ガラス越しに見えたオレンジ色のマフラーの二人の飛行士は、たしかにアメリカ人であった。

「ドゥリットル爆撃隊」

昭和史家の半藤一利と『東京の戦争』を語り継ごう」と題した対談を行ったとき、吉村昭はそのことを話題にし、それは初の日本空襲を実行した「ドゥリットル爆撃隊」のうちの一機ではなかったか、といった。

四二年四月、ハルゼー提督麾下第十六機動部隊の空母「ホーネット」は、ひそかに日本の哨戒線ぎりぎり東京東方九百キロまで接近を試みた。搭載した中型爆撃機ノースアメリカンB25十六機で初の日本本土空襲をもくろんだのである。ドゥリットル陸軍中佐以下各機乗員五名、合計八十名は、攻撃後東シナ海を渡海して国民党軍支配下の浙江省麗水飛行場に向かうことになっていた。

出撃予定は四月十八日夜だったが、その日早朝、日本の監視艇に空母が発見されたために十時間予定を早め、東京まで千二百キロの地点から十六機を発進させた。うち十三機は東京、埼玉、川崎、横須賀へ、残る三機は名古屋、神戸へ向かった。

爆撃隊は日本本土にかかる直前、警戒網をくぐりぬけるため超低空に降りた。びっくりした列車の運転士の表情が見えた、山の木の梢に引っ掛かりかねなかった、と飛行士たちの回想記にある。

彼らはこの作戦のために一ヵ月以上訓練し、ときに爆撃機を橋の下をくぐらせるようなことまでした。

東京上空侵入後に再び高度をとったB25は、午後零時十五分、品川区大井、牛込区早稲田、荒川区尾久で工場街爆撃を開始した。しかし警報は零時二十八分まで出なかった。たまたま防空訓練中で、本物の空襲という認識が遅れたのである。警報発令以前、すでにB25は超低空に降りて離脱体勢に入っていた。吉村昭少年が二人の飛行士を風防ガラス越しに見たのはこのときである。尾久の旭電化工場から黒煙が上がっていた。

攻撃を終えたB25は、ウラジオストクに向かった一機を除き、東京南西千七百キロの浙江省麗水をめざした。しかし東シナ海を横断して大陸上空に達したときには夜間になっていた。連絡不十分で滑走路表示の燈火は点じられず、日本機の空襲と誤認されて対空砲火さえ受けた。強行着陸やパラシュート脱出の結果、乗員三人が死亡、日本軍支配地に降りた八人が捕虜となった。うち三人が処刑され、一人が獄死した。戦後解放された四人を含め、生還したB25乗員は八十人中七十三人であった。

東部軍司令部は「九機撃墜、我が方の損害軽微」と発表したが、帝都空襲は深刻な衝撃を軍首脳部に与えた。浙江省沿岸の国民党軍基地攻撃のみならず、北太平洋上の敵機動部隊への牽制と攻撃の必要性を痛感させた。それが、はるか北方のアリューシャン攻略とミッドウェー攻撃を急がせ、いずれも敗北への序章をなした。

オレンジ色のマフラー

対談相手、三歳年少の半藤一利は、B25のコクピットに二人のアメリカ人飛行士の顔を見たという吉村昭の話を聞いて、「いくら何でも(高度が)低過ぎやしないか」と思った。またそれがドゥリットル中佐の隊長機では、という吉村の言葉は、「余りにも話ができすぎている」と信じなかった。

実は、ドゥリットル隊長機説は吉村昭が唱えたのではなかった。日暮里の吉村家から二百メートルほど南側、正岡子規も愛した老舗「羽二重団子」の店主の弟で、やはり東京初空襲の目撃者、澤野孝二氏の説を伝えたのである。

対談は反響を呼び、当時の目撃者の証言が多く寄せられた。そのうちには、電線に引っ掛かりそうな低空を飛行した爆撃機の操縦士の顔を見た、オレンジ色のマフラーをしたその表情さえわかったというものさえいくつもあった。

やがて戦史研究家の戸高一成《かずしげ》から吉村昭のもとに手紙が届いた。半藤一利から依頼されたと前置いて、ドゥリットル隊各機ごとの飛行コース図が添えられたその懇切な手紙には、〈「結論から言いますと、日暮里町上空を飛んだのは、機番号40−2344の機体で、これは間違いなく隊長ドーリットルの乗っていた機です」と、記されていた。

さらに私が南に向かって凧を揚げていたのなら、操縦席で手前に見えたのは副操縦士のRichard《リチャード》 E. Cole《コール》、向う側は指揮官兼操縦士のJames《ジェームズ》 H. Doolittle《ドーリットル》だという〉（吉村昭『縁起のいい客』のうち「オレンジ色のマフラー」）

病床で聞いた「明治維新」

吉村昭の五兄はそれ以前に戦死している。母は一九四四年に若くして病死した。父も四五年に亡くなった。吉村昭自身は中学時代に肋膜炎を発症、四五年に卒業となっても病欠が多く、さらに教練成績不良もあって旧制高校には進学できなかった。

四五年三月十日の大空襲では生家は被災をまぬがれたが、足立区西新井にあった吉村家の紡績工場へ向かう途中、隅田川にかかった尾竹橋の上から吉村昭は多くの死者を見た。老若男女数十の遺体が「大きな筏《いかだ》のように寄りかたまって」水の上をたゆたっていた。

日暮里の家は四五年四月十三日夜の空襲で焼かれた。谷中墓地に逃げた吉村昭は、夜明け頃、日暮里駅に入ってくる始発電車を眼下に見た。むろん乗る人はいない。しかし車掌は電車のドアを開き、また閉じて発車して行った。あかあかと燃える街区を定刻に運行する電車は、吉村昭に奇妙な感動を呼び起こした。四五年八月初旬、満十八歳の彼は徴兵検査を受けた。病身であるにもかかわらず第一乙種合格であった。しかし戦争は終った。

四七年、吉村昭は旧宮内省管轄で旧制高校相当の学習院高等科に進んだが、肋膜炎が肺結核に亢進し、翌年初めに大喀血を見た。六〇キロの体重が三五キロとなるような末期症状で、死を覚悟した。その年九月に胸郭成形手術を受け、左胸部肋骨五本を切除した。そのため生涯左腕が四センチ長い体型となった。二年半にわたる療養生活の大部分は、那須の山奥のわびしい温泉場で送った。二十代はじめの青年にとっては過酷な環境であった。

その病床のラジオでたまたま、上野広小路で彰義隊と官軍の衝突を見たという安政年間生まれ、九十歳の老人の話を聞いた。当時上野の商家に小僧奉公していた老人がお使いの帰りに目撃した戦いでは、両軍ともに白刃を抜きつれたが、気合を掛け合うばかりで、ついに白兵戦には至らなかったという。実際の戦いとはそういうものであろう、と二十二歳の吉村昭は思った。同時に、八十年前の明治維新が、自分が想像していたよりもはるかに身近なものに感じられた。それが後年の歴史小説への最初の入り口となった。

「納期」を守る

はじめて小説を書いたのは、旧制から新制に移行した学習院大学在籍中の五一年、二十四歳のときであった。しかし吉村家には文学的な雰囲気はまったくなかった。誰も小説を読まず、兄弟はみな実業系の教育を受けて、それぞれに商才を発揮した。

病気から回復した吉村昭が、小説を書いて生きていきたいというと、三兄は、「おまえは頭がどうかしているんじゃないのか、私たちの家は代々商家で、そんな血はないんだ。地道なことを考えろ」といたましげにいった。兄弟中でただひとり、若い頃同人雑誌に参加したことのある三兄の言葉だけに、よけい心に刺さった。

作家となったのち、吉村昭は締切を守る人として知られた。新聞小説などは連載開始の三ヵ月も前に書き上げて、書斎の金庫に保管してあった。連載が始まると原稿を取り出して推敲を加え、一定量ずつ担当者にわたした。歴史小説の場合、いつ発見されるかわからない新史料に備える含みもあったが、「納期」を守るというモラルのしからしめたところでもあっただろう。その意味では、吉村昭にもやはり商人の血は流れていたのである。

戦艦そのものを主人公に

一九五三年、二十五歳から吉村昭は当時隆盛をきわめた同人雑誌で、会社勤めしながら小説修業した。この年、やはり同人雑誌の作家であった津村節子と結婚した。五九年一月、三十一歳のとき「鉄橋」で芥川賞候補となった。以後、六二年までに四回候補となり、すべて落選した。うち一度は電話で当選と告げられて文藝春秋社に出向いたのだが、着いてみると、選考会終了直後に委員中の大御所作家の気がかわり、別の作品が当選作となっていた。担当者は平謝りだったが、賞の歴史中最大の椿事であった。一方津村節子は六五年、芥川賞を受賞した。

吉村昭はこの頃、「消えて行く作家」と思われていた。「文學界」の同人誌評でも、冒頭に「吉村昭の作品はおくとして、今月は……」というような書かれ方をした。実際、何度か芥川賞候補となって受賞せず、そのまま消えて行く作家は少なくなかったのである。

しかし彼は消えなかった。六六年、三十九歳で若者たちの集団自殺をえがいた「星への旅」で太宰治賞を受賞した。だが、より重大な転機は、同年に書いた『戦艦武蔵』であった。

編集者に材料を提示されて執筆を慫慂《しょうよう》されたのだが、当初はためらいを禁じ得なかった。自分には戦争ノンフィクションも歴史小説も縁がないものと思っていたからだ。しかし借用した「武蔵」建造日誌をひもとくうち、戦艦そのものが主人公になり得ると思い至った。百年前の彰義隊の戦いが遠い昔のことでないのなら、二十年前の戦争はつい昨日のことにすぎない。戦史小説『戦艦武蔵』は、こうして立ち上がった。

完成した『戦艦武蔵』の「あとがき」に吉村昭はつぎのように書いた。

〈私は、戦争を解明するのには、戦時中に人間たちが示したエネルギーを大胆に直視することからはじめるべきだという考えを抱いていた。そして、それらのエネルギーが大量の人命と物を浪費したことに、戦争というものの本質があるように思っていた。戦争は、一部のものがたしかに煽動《せんどう》してひき起したものかも知れないが、戦争を根強く持続させたのは、やはり無数の人間たちであったにちがいない。あれほど厖大《ぼうだい》な人命と物を消費した巨大なエネルギーが、終戦後言われているような極く一部のものだけでは到底維持できるものではない〉

その「巨大なエネルギー」の結晶体のごとき「武蔵」が、吉村昭の目撃したB25よりもさらに小さな、機能のみを重んじたアメリカの飛行機群に屈する。その壮大な悲劇をえがききったとき、彼は同人誌文学から飛躍した。

偏屈な江戸人への共感

一九七二年、吉村昭は歴史小説『冬の鷹』を「月刊エコノミスト」に連載しはじめた。すでにそれ以前、医学雑誌に江戸期の医師たちの事績を『日本医家伝』として書いていたのだが、その途上に知った『解体新書』訳出のふたり、前野良沢と杉田玄白の生き方に「現代に生きる人間の二典型」を見て、にわかに創作意欲をそそられたのである。

ふたりが千住骨ケ原《こつがっぱら》でオランダ医書を手に、処刑された罪人の腑分《ふわ》けに立ち会ったのは、明和八(一七七一)年三月であった。オランダ医書の付図と人体内部の寸分違わぬことに衝撃を受けた彼らは、その帰途、同行した中川淳庵とともに医書の翻訳を決意し、その翌日には早くも会した。しかし、このとき四十八歳の前野良沢は前年にオランダ語習得を志したばかり、三十九歳の杉田玄白、三十三歳の中川淳庵はABCさえおぼつかなかった。まさに「艪舵《ろかじ》なき船の大海に乗り出だせしが如く」(杉田玄白著『蘭学事始』)であった。

テキストをにらんで考え込むばかりの良沢に対し、玄白は、本文にはとうてい歯が立たない、人体内部をえがいた付図からとりかかるべきではないかと遠慮がちに提言した。そうして、ひとかたならぬ苦労の末に翻訳の端緒を得た。彼らの絶望的な試みへの挑戦こそが日本近代のあらたな局面をひらいたのである。

付図の翻訳は二年後に完成した。それをまず刊行するという玄白に、『ターヘル・アナトミア』本文の完成まで待つべきだと良沢は反対した。しかし玄白には、付図を上梓して幕府の反応を見るという戦略があった。いずれにしろ政治的に危険な外国書籍の翻訳出版なのだから、その関門を通過できたら本文刊行に挑むというのである。すでにその頃にはオランダ語翻訳の虫と化していた良沢は、玄白のプラグマティズムを了解することなく、やがて距離を置いた。

吉村昭は、性狷介で融通のきかぬ、しかし不屈の意志の持主である良沢を同情的に、辣腕のプロデューサーともいうべき玄白に対してはやや冷たい筆致で『冬の鷹』を書き上げた。孤立を恐れぬ晩学の人、良沢に深く感情移入した彼は、これ以後歴史小説の深い森に分け入って行く。

教師と小説家だけには見えぬ人

吉村昭は印象深い温顔の持主であった。彼自身は「自分は人相が悪い」「見知らぬ子どもが顔を見て泣きだしたことがある」といったが、それは『長英逃亡』を書いていたときのことかと思われる。「蛮社の獄」で入牢し、のちに牢舎の火災の際の「切り放し」から戻らず、蘭学者のネットワークを頼りに六年間にわたって全国を逃げまわった高野長英の足跡を追う『長英逃亡』は吉村昭の代表作のひとつだが、綿密な調査・取材を行ううち、小説家自身が逃亡者になりかわり、警察官の姿を恐れるあまり怖い人相になったのである。

しかし普段は違った。取材のため単独で地方に赴くと、有名な作家とは編集者やお付きの人をともなうものだと信じる地方の役人などは、作家らしくないおだやかな表情で腰が低い吉村昭を「本人のニセ者」と疑った。

東京にいても飲み屋などでは、工務店の社長、配管屋、八百屋のおやじなどと思われていた。家を新築するため仮住まいしていたときには、いっこうに勤めに出る気配のない吉村昭は失業者と信じられ、親切心から仕事を紹介された。病院に行けば、カルテを見た医者が「小説家と同姓同名ですね」とつぶやくようにいった。吉村昭は「ハイ」とこたえた。さまざまな職業の人と見られても、教師と小説家だけには見えぬ人だった。

生まれ故郷の日暮里は東京・荒川区に属している。明治以降、区内で生まれ育った小説家は吉村昭ただひとりということだ。そのせいか、たまに日暮里を訪ねても誰も目もくれないのだが、こんなことがあった。

〈一度だけ煙草屋の年老いた女主人に、／「本を書いているんだってね。ペンネームは？」／と、きかれ、／「本名でやっているんですけど……」／と、低い声で答えた。彼女に、／「そうお。頑張るんだね。今になんとかなるよ」／とはげまされ、そうだ頑張らなければ、とあらためて思った〉（『街のはなし』のうち「内」）

これがイヤ味に聞こえず、「そうだ頑張らなければ」は真率の感想だと思わせる人だった。また、にこやかに意志をつらぬく人、おだやかに「否《いな》」という人だった。昭和人の、なかんずく昭和を生きた東京人の面影濃い人だった。

歴史小説の「化物」

舌がんと膵臓がんの末期、自宅療養をつづけていた二〇〇六年七月十日、急に吉村昭の病状が悪化、再入院した。しかしすでに治療の甲斐はなく、七月二十四日、自宅に戻った。

「ひぐらしが鳴き、井の頭公園からの風が吹いてくるのを喜んでいた」と津村節子氏が語ったのは、〇六年八月二十四日、空襲で焼けた日暮里・吉村家旧宅の跡地に建つホテルで催された「お別れの会」であった。参会者六百人、人波が会場の外にまであふれた。

七月三十日夜、吉村昭は点滴の管を自ら引き抜いた。カテーテル・ポートも「むしりとった」。衰弱しきった体と対照的な強い意志の力を見た家族には、それを止めることはできなかった。亡くなったのは七月三十一日に日付がかわって間もなくであった。

津村節子氏はつづけた。

〈彼が自分の死を自分で決めることができたのは彼にとってはよかったと思う。けれども目の前で「自決」を見せられてしまった以上、彼がまだ書斎にいるとか、取材旅行に出掛けて不在にしているだけだとは自分には思われない。身勝手な人です〉

その場に、にわかに粛然の気が満ちた。

「お別れの会」の会場から南に歩けば間もなく芋坂入り口、角に「羽二重団子」の店がある。その少し先から谷中墓地の方に登る坂が御隠殿坂《ごいんでん》である。いまはJRの線路で断ち切られて跨線橋にかわっているが、前野良沢が老いの身を養ったのはこの坂の途中にあった家である。また一八九五(明治二十八)年十二月、カリエスを病んでいたものの杖をつけばまだ歩けた二十八歳の正岡子規が、七歳年少の高浜虚子をともなって登ったのもこの坂である。二人は道灌山まで行き、茶店にすわった。子規は虚子に、自分の「後継者」となるよう頼んだが、虚子は最後までうべなわなかった。

御隠殿坂上は谷中墓地、東京初空襲を実行したB25ドゥリットル機が超低空で離脱したのはそのあたりである。一九四五年四月、十七歳の吉村昭が自分の家の燃え上がる炎を見たのも、炎の中を定時運行する省線電車を見たのも、やはりそのあたりである。それは、昭和の悲劇と日本人の律義さを、余すところなくえがいた凄絶な歴史の絵であった。

吉村昭は外国には二度しか行かなかった。『神々の沈黙』の取材のために南アフリカ共和国へ、『ポーツマスの旗』の取材のためにアメリカ東部に出向いたときである。そのかわり国内は大いに歩いた。戦艦武蔵を建造した長崎には百回以上、高野長英が身を隠しつつ蘭書の翻訳に励んだ宇和島には五十回以上行った。ヒグマや刑務所のありかたに興味を抱いた結果、北海道には約百五十回行った。

それが戦史小説のための旅から歴史小説のための旅におよんだとき、昭和とは何かという問いは、日本とは何かという問いにかかわった。吉村昭の七十九年の生涯は、日本という巨木に埋もれた歴史を削り出そうとする、長く一途な旅であった。

高価なオランダ書籍を欲しがる藩医前野良沢に十全な援助を与えた豊前中津藩第三代藩主・奥平昌鹿《まさか》は、良沢を蘭学の化物「蘭化」と呼び、良沢はそれを自らの号とした。ならば、この難しい男の生涯を、深い同情心をこめてえがいた吉村昭は、歴史小説の化物「史化」と呼ばれるべきであろう。

ジョセフ・オツオリ

ケニア人駅伝選手の草分け

〈ケニア人留学生出身の駅伝・マラソン選手〉

■ Joseph Moganbi Otwori
■ 2006年8月30日没(37歳)
■交通事故

ジョセフ・モガンビ・オツオリが来日したのは一九八七年七月、十八歳のときである。

その二年前、山梨学院大学で創部間もない陸上競技部の駅伝監督となったのは二十六歳の上田誠《まさ》仁《ひと》であった。順天堂大学時代、箱根駅伝で三年連続「山登り」の五区を走り、二年連続で区間賞を獲得した彼は、かねがねケニア人選手に注目していた。山学大監督就任を機に、日本人選手の刺激となってくれる選手を探すため、ケニアへ飛んだ。速さより真面目さ、そうして日本に興味を持っていることが条件であった。

現地で上田は、まだ高校生の年齢のオツオリとケネディ・イセナを誘った。ふたりともグシイ族で、オツオリは五千メートル十四分三十秒と日本の高校生のトップクラスと同等の力量を持っていたが、とびぬけた存在とはいえなかった。来日した彼らは山梨学院大学附属高校英語科に編入、そこで日本語を学び、翌年、山梨学院大学商学部に進学した。

ふたりは自主的に早朝から長い距離を走る練習を繰り返した。日本で強くなりたいという意志がそうさせたのである。部の練習は朝六時半開始だったが、彼らは五時に起床して五時半から練習を始めた。やがて日本人選手たちもその影響を受け、練習開始は六時に早まった。上田監督のもくろみはあたった。

「日本式練習」の成果

全学四千人ほどの規模の山梨学院大学とその陸上競技部の名前を一挙に高めたのは、一九八九年一月、第六十五回箱根駅伝での一年生オツオリの快走であった。

予選会を通過して八七年の第六十三回から箱根駅伝本選に出場していた山学大は、各大学がエースを並べる第二区(鶴見―戸塚、二二・七キロ)にオツオリを起用した。トップの順天堂大学から四十八秒差、八位でタスキを受けたオツオリは、先行する七人をごぼう抜き、区間賞の一位で三区のランナーにつないだ。結局この年の山学大は、総合七位だったが、オツオリの印象は強烈だった。

だが、駅伝で初めてケニア人留学生ランナーの強さを見た驚きは嫉妬をも生み、「害人《ガイジン》」を走らせるな、そこまでして勝ちたいか、といった声も聞こえた。それで気落ちしたのはむしろ監督で、オツオリは「ほんなこん、気にしちょ（そんなこと気にするな）」と明るい甲州弁で上田を慰めた。

九〇年と九一年の箱根駅伝でもオツオリは二区を走り、三年連続区間賞を得た。ケニアではさして目立たなかった選手が、日本になじみ、日本式練習を真面目にこなした末にここまできたのである。

九二年、四年生のときもオツオリは二区を走ったが、この年は左膝靭帯を負傷しており、区間二位に終った。しかしこの九二年の第六十八回大会で、山学大は創部七年目にして総合優勝を果たした。同年、卒業したオツオリは実業団チームのトヨタ自動車に入った。しかし故障がちでさしたる活躍はなく、九九年、三十歳のとき退社して帰国した。

ケニア人選手の系譜

日本の実業団チームに入ったアフリカ人の最初は、一九八三年、十九歳でヱスビー食品に入社したケニア人のダグラス・ワキウリである。瀬古利彦とともに練習したワキウリは、八七年、ローマ世界陸上のマラソンで優勝、八八年のソウル五輪では二位になった。九六年に三十三歳で引退したがケニアには帰国せず、栃木県那須町に根づいた。

オツオリの快挙を皮切りに、各大学で駅伝にアフリカ人留学生を起用する傾向が生じたが、その中心はやはり山学大であった。

ステファン・マヤカは一九九〇年、十八歳で来日、オツオリやイセナとおなじく附属高校に編入、九二年、十九歳で山学大商学部に入学した。

マヤカはオツオリ卒業後の九三年、箱根駅伝で二区を走って区間賞を得た。九四年も二区で区間賞、しかも区間タイ記録であった。九五年にも二区を走って区間二位、九四年と九五年、山学大連続優勝の立役者であった。四年生となった九六年は二区で三位だったが、九一年から九五年までつづいた出雲駅伝での山学大五連覇は、オツオリとマヤカに負うところが大きかった。

マヤカは九六年に卒業するとダイエーに入社した。だがダイエーの陸上部は本業の不振から廃部となり、九八年、日立電線に移った。九九年、マヤカは女子マラソンの盛山玲世《せいやまさちよ》と結婚、一男一女を得た。二〇〇五年には日本国籍を取り、翌年群馬県の私立大学陸上競技部のコーチとなったが、やがてここも学校自体が廃校となり、一三年、桜美林大学の駅伝監督に就任した。

メクボ・ジョブ・モグスは一九八六年生まれ、オツオリの十七歳下で、二〇〇一年に来日した。モグスも山学大附高、山学大と進み、箱根駅伝には一年生から二区を走って区間賞を獲得した。二年生のときは同区で六位だったが、二〇〇八年と〇九年には区間記録を樹立した。二〇一一年に帰国したが、一二年に再来日して日清食品に入社、一五年にはサンベルクスに移籍した。

山学大陸上競技部には、このほか、ソロモン・ワチーラ、オンベチェ・モカンバ、デビッド・カリウキ、オンディバ・コスマス、エノック・オムワンバ、ドミニク・ニャイロといった留学生選手が所属したが、複雑な部族問題をかかえたケニアで、オツオリとイセナ以来みな同族であった。

ワンジルの栄光と悲劇

二〇〇〇年代に入って、世界でマラソンの賞金レースが多数開催されるようになると、アフリカ出身選手、とくにケニア人選手の傾向は大きく変わった。

日本の長距離走はマラソンより駅伝が中心で、それをになうのは実業団チームである。駅伝はマラソンより距離が短い。距離が短いので故障は少ない。そのうえ日本のチームでは故障に対するケアが行き届いている。駅伝は賞金レースではなくチーム競技だが、企業の社員だから月給をもらえる。反面、一攫千金の機会はない。

できるだけ長く実業団チームに所属して月給をもらい、引退後は走ること以外の技術を日本で身につけて帰国しようと考えるものと、賞金レースで稼いで世界にその名を知られたいと願うものとに分かれるのは自然なことであった。

サムエル・ワンジルは日本で成長したのち、駅伝を嫌ってマラソンに転向、成功した選手である。成功とは二〇〇八年、北京五輪マラソン競技での優勝である。

十五歳で五千メートルを十四分六秒で走ったサムエル・ワンジルは、二〇〇二年、仙台育英高校に入学、高校三年生で五千メートルを十三分三十八秒で走るまでに実力を蓄えた。同時に学校で書道も学び、コンクールで二位になったこともあった。卒業後は大学進学を拒否して、バルセロナ五輪マラソン銀メダルの森下広一監督率いるトヨタ自動車九州に入社、五千メートル十三分十二秒、一万メートル二十六分四十一秒まで記録をのばした。

初マラソンは二〇〇七年の福岡国際で、二時間六分三十九秒という破天荒な記録で優勝した。二〇〇八年のロンドンマラソンでは二時間五分二十四秒とさらに好走したものの二位に終った。彼は同年七月、トヨタ自動車九州に退職願いを出したが、その理由は、駅伝を走りたくないから、というものであった。

その直後、北京五輪のマラソンにケニア代表として出場、二時間六分三十二秒の記録で優勝した。二十一歳九ヵ月であった。日本の駅伝文化を嫌ったワンジルだが、何を日本で学んだか、という問いかけには「ガマン」とこたえた。

それからのワンジルの人生は波乱に満ちていた。二〇〇八年には強盗にあった。北京五輪の報奨金を狙われたのである。一〇年には脅迫行為で妻から告訴され、一一年には交通事故を起こした。同年五月十五日、ワンジルは自宅のバルコニーから転落死した。当初は自殺とされたが、のちに犯人不明のままの殺人被害にあらためられた。

引退決意後に事故死

一九九九年、三十歳でトヨタを退社したジョセフ・オツオリは一度ケニアに帰ったが、二〇〇三年に再来日し、つてをもとめて茨城県の環境企業に入社した。妻と四人の子どもをケニアに残しての単身赴任で、両親と弟妹達の生活も日本の企業の月給で支えた。

茨城で一人練習していた〇四年八月、オツオリは新潟の重川《おもかわ》材木店の社長に声をかけられた。住宅建築を主業とする重川材木店では、あらたに陸上競技部をつくって実業団対抗駅伝に出場することを目標にしていた。ケニアの家は壁は石造りだが、屋根には木材を使う。駅伝のコーチをしながらその技術も学べる、そう考えたオツオリは重川材木店に入社し、実際にチームを〇六年の実業団対抗駅伝に出場させて三十一位の成績を残した。この年三月、オツオリ自身はびわ湖毎日マラソンで走り、九十三位であった。

〇六年末で引退することを決意したオツオリは、〇六年八月三日に帰国した。再来日は九月五日の予定であった。しかし八月三十日午後七時頃、現地で運転していた車がバスと正面衝突した。即死であった。

箱根駅伝での圧倒的な走りでケニア人留学生選手の草分けとして山梨学院大学の名前を全国的に知らしめ、全日本大学駅伝、出雲駅伝、箱根駅伝の学生三大駅伝で区間賞合計十回という記録を打ち立て、また自転車で銭湯に行くのが大好きであったジョセフ・モガンビ・オツオリの生涯は三十七年にすぎなかった。

青島幸男

明るいニヒリストのテレビ的人生

〈放送作家、テレビタレント、作家、参議院議員、東京都知事〉

■あおしま・ゆきお
■2006年12月20日没(74歳)
■骨髄異形成症候群

一九六八(昭和四十三)年以来参議院議員をつとめた青島幸男は、五期目なかばの九五(平成七)年三月に議員辞職、四月、東京都知事選に出馬した。この選挙では、官房副長官として七人の総理大臣を補佐した手練《てだ》れ官僚石原信雄が、自民、公明、社会、自由連合から推薦を受けて絶対有利と見られていた。四期つとめた鈴木俊一前知事も石原信雄を後継者と公言した。

しかし青島幸男はその知名度の高さだけではなく、東京都民の「反政党」の気分を追い風とした。鈴木前知事が強力に推進してきた「世界都市博覧会」の開催中止、ほとんどそれだけを公約に掲げた青島幸男は百七十万票を獲得、石原信雄、大前研一、岩國哲人《いわくにてつんど》、上田哲らを破って当選した。このとき満六十二歳であった。

当選翌月の五月、青島知事あてに都庁へ送られてきた小包が秘書室で爆発、開梱した職員が重傷を負った。その年三月に地下鉄サリンテロを実行したオウム真理教が、所轄庁である都に解散命令を出させぬための犯行であった。

知事就任後の青島が、かつて赤塚不二夫の「バカボンのパパ」が何かにつけ「国会で青島幸男が決めたのだ」と叫んだような大衆的人気から見放されたのは、「都市博」中止のほかに目立った政策はなく、また都民が期待した「破天荒なまでの決断力」は見られず、官僚任せに終始すると映ったからである。

一期四年が経過した九九年春、ぎりぎりまで進退を明らかにしなかった青島知事は二期目不出馬を表明した。渋々という印象で後継指名した鳩山邦夫は、選挙で石原慎太郎に一蹴された。

二〇〇一年、参議院「二院クラブ」代表に復帰した青島幸男は第十九回参院選に比例区から出馬して落選した。〇四年の第二十回参院選では東京選挙区に転じて五十九万票を得たが、やはり落選した。六八年、参議院全国区第二位当選して以来、参院議員五期、都知事一期をつとめた青島幸男は初当選の三十六年後、七十一歳で政界を引退した。

テレビの黄金期をつくる

高度経済成長期の時代精神をテレビ画面上で体現した青島幸男は、一九三二(昭和七)年、日本橋堀留町《ほりどめちょう》の老舗仕出し弁当屋の次男として生まれた。幼いときから口達者で芸事好き、とくに三笑亭可楽《からく》の物真似が巧みで、「湯《ゆう》はチンチン沸いてるし、物事は順序《じんじょ》よくいってらあ」と語る江戸弁の口跡はそっくりであった。旧制武蔵中学から、戦後の新制切り替えのとき早稲田高等学院に転じ、そのまま早大商学部に進んだ。

学部卒業間近に結核と診断されたので就職をあきらめ、商学部大学院に在籍した。結核が治癒すると大学院は一年で退き、銀座でバーを経営したり、漫才の台本を書いたりした。サラリーマンになれなかったという思いは後年作詞した「スーダラ節」などに、明るく、かつ複雑なかたちで反映された。

六八年秋から八年間、日本テレビ「お昼のワイドショー」で「ホスト」青島幸男と共演した中山千夏《ちなつ》は、回想記『芸能人の帽子』に青島との交流に一章を立て、青島幸男の「第一の特色は、虚無主義、ニヒリズムだ」と書いた。『芸能人の帽子』は青島を扱った批評性に富んだ章のみが、とびぬけておもしろい。

「群れるのは大嫌いだ」とはつねづね本人の口にするとこであったが、中山千夏の目に青島幸男は、「ひととの交流にまったく興味のない」人物と映った。青島の家にはコント作家志望の青年たちが始終たむろしていたが、彼らは弟子ではなかった。文字通りの居候であった。

青島幸男は中山千夏に、「ママ(妻)はうちに手伝いにきていた遠縁の娘で、兄貴と結婚が決まっていた、それにどうしようもなく惚れて、諦めきれずに、兄貴に打ち明けて譲ってもらった」と告白したことがあった。さらに、自分が影響を受けたレイモン・ラディゲの小説『肉体の悪魔』、スタンリー・キューブリックの映画『時計じかけのオレンジ』を千夏に勧めた。要するに勘働きだけはよい「バカ女」を「教育」しようとしたのだろうと彼女は考えた。

青島幸男は、「亭主関白の父と肝の据わった母、それにデキのいい兄貴に愛されたやんちゃな次男」そのままであった。愛人宅に出掛ける父親の衣裳を整えて送り出す母親を不思議とは思わず、むしろ父親のそんな「豪快さ」に憧れて、自分も「家父長」の典型たらんとした。それが中山千夏の見立てであった。

そんなタイプでは、やがて「ウーマンリブ」に目覚めて活動家となる中山千夏とは本来相容れないはずだが、青島幸男は夢にも疑っていない。というより、女性に意見があるなどとは思いもしないのである。ふたりが衝突するのは、政治団体「革新自由連合」を創設した中山千夏が三十二歳で史上最年少の参院議員となり、青島自身も三選を果たした八〇年の選挙後のことである。

「カラ威張り」ギャグ

青島幸男が初めてテレビに関係したのは二十六歳の五九年春、フジテレビ開局翌日放映開始の「おとなの漫画」の台本作家としてであった。旧制中学で同級、東大を経て文化放送に入社後、フジテレビに移りディレクターとなった椙山《すぎやま》浩一に誘われ、「おとなの漫画」の作家チームの一員となった。椙山は六八年に「すぎやまこういち」の名前で流行歌の作曲に転じた人で、「恋のフーガ」「花の首飾り」「亜麻色の髪の乙女」「学生街の喫茶店」などのヒット曲をつくった。さらに後年、ゲーム「ドラゴンクエスト」の主題音楽で若い世代にその名を広く知られた。

「おとなの漫画」は月曜から土曜まで、お昼十分間のナマの帯番組で、当日の朝刊から社会的・政治的事件を拾い出して仕立てたコントを、コミック・ジャズバンドのクレージーキャッツが演じる。キノトール、三木鮎郎、永六輔らが中心で青島幸男は補欠扱いだったが、テレビ放送勃興期の放送作家たちは多忙をきわめ、自然に青島が主軸となって六四年暮れまでつづいた。

日米安保条約改定目前の六〇年初夏、石原慎太郎、江藤淳、大江健三郎、浅利慶太、羽仁進、永六輔らを中心とした「若い日本の会」の集まりが麹町の都市センター・ホールで催された。それは国会多数派・自民党の「改定安保強行採決」に反対する集まりであったが、やがて会場は情緒的に過熱、全員で国会に「安保反対」のデモをかけようという空気が醸成された。

〈(そのとき)角刈りみたいな頭の若い男がマイクの前に立ち、

「私、フジテレビで、クレージーキャッツの皆さんの『おとなの漫画』の作者として、政治的圧力と日夜戦っている、い、い、青島幸男であります」

と自己紹介した〉(小林信彦『テレビの黄金時代』)

青年のたたずまいの軽さと重たげな言葉の対比が会場の爆笑を呼んで、緊張は一気に緩んだ。国会へのデモは腰砕けとなった。翌六一年に日本テレビで始まるバラエティ「シャボン玉ホリデー」中のギャグ、「青島だァ」とおなじ構造だろう。すなわち「痩せ犬のカラ威張り」のおかしさであった。

一方「光子の窓」(草笛光子MCのバラエティ・ショー、日本テレビ)の脚本家としてすでに定評を得ていた永六輔は、デモに積極的に参加するあまり原稿を落とした。プロデューサーの井原高忠は、「デモに行くのは自由だが、ホンを書いてから行け」と激怒し、以後永六輔を干した。

六一年、青島幸男が作詞した「スーダラ節」(作曲・萩原哲晶)が大ヒット、歌った植木等とともにその名を広く知られた。

運転免許を取って美容師の免許も取る、と青島が周囲に宣言したのはこの時期である。さらに、自分が監督、主演の映画を撮る、直木賞も取る、国会議員にもなる、といった。周囲は大ボラと受け取ったが、彼は本気だった。

美容師の免許は、放送作家の命は短いと踏んだためであった。当時、男性の美容師志望者はまれだったが、青島幸男は若い女性たちにまじって真面目に専門学校に通い、試験に合格した。六六年、自ら主演・監督した映画『鐘』をカンヌ国際映画祭に出品、批評家週間の入選作となった。六七年からは読売テレビの長谷川町子原作「意地悪ばあさん」に主演して高視聴率を得た。

「ワイドショー」の司会

一九六八年、青島幸男は第八回参院選に全国区から立候補、三百一万という大量得票の石原慎太郎に次ぐ百二十万票を得て二位当選したのは満三十六歳となる十日前であった。この選挙では四位に作家兼僧侶の今東光《こんとうこう》、七位に東京五輪女子バレーボールチーム監督の大松博文《だいまつひろふみ》、二十五位にお笑いタレントの横山ノック(山田勇)が入った。石原、今、大松は自民党から出馬したが、青島と横山は政党無所属だった。

七一年三月、国会予算委員会で無所属議員たちの院内会派「二院クラブ」を代表した青島幸男は、ときの佐藤栄作首相に政治資金規正法改正に関して質問した。

「もし理想的な政治資金規正法がつくられて厳密に運用されたら、自民党政府は存立できないだろう。だから現政府で政治資金規正法の改正はできない。資本主義国家だから、企業から金を集めて政治資金にするのは、そのことを明らかにする限り構わない。だが、集金先を明らかにできないというなら事態はいっそうはっきりする」

といったあと、青島はこう断言した。「総理は財界の提灯持ちで男妾《おとこめかけ》である」

この発言に強く反発した自民党は懲罰動議を出した。しかし結局見送りとなったのは、懲罰決議のためには本会議で対象者に時間無制限の弁明の機会を与えなくてはならないからだ、と青島本人は考えた。だが「財界の男妾」のくだりは会議録から削除された。

七四年の参院選にも青島は立候補、このときは選挙運動をほとんどしなかったにもかかわらず再選された。

実は六八年にも当人は選挙運動をするつもりがなかった。それで落選したら、選挙資金がないから落選した、やっぱり金権選挙じゃねえか、とケツをまくるつもりだったという。しかし周囲の説得で基本的な選挙運動だけは行ったから、この七四年選挙のスタイルが青島の素志であった。だがこのときも前回も、当選の見込みはあらかじめ立っていたのである。

青島幸男が中山千夏、八代英太《やしろえいた》と組んで日本テレビ「お昼のワイドショー」の「ホスト」になったのは六八年九月、参院選の二ヵ月あまりのちである。

いわゆる主婦参加型「ワイドショー」は六四年、NET(日本教育テレビ、のちテレビ朝日)「モーニングショー」に始まる。そのNETは六五年に「アフタヌーンショー」を開始、六八年四月にはフジテレビが「3時のあなた」を始めると、後発の日本テレビも、十二時半から一時までの「お昼」の番組を企画した。有楽町「よみうりホール」をスタジオに、青島幸男と横山ノックが曜日替わりで司会をつとめたのだが、時事をあつかうナマ番組にタレント政治家を使う危険をあえて日本テレビは冒した。横山ノックは七一年に番組を降りたが、「ホステス」の中山千夏は七六年まで、青島幸男は七九年九月まで十一年間つづけた。

恐るべき「器用人」

五九年、小学校五年生のとき、東京芸術座の芝居『がめつい奴』(作/演出・菊田一夫)の演技で評判となり、高峰秀子以来の「天才子役」と呼ばれた中山千夏は、六四年春開始のNHK人形劇『ひょっこりひょうたん島』(作・井上ひさし・山元護久)で「博士」の声を担当した。その人形劇に青島幸男は、六五年、「ハリウッドの売れない脚本家」トンカチーフの声で出演していた。ということは「お昼のワイドショー」では再会だったわけだが、中山千夏の印象は初対面だった。

青島が、テレビ出演を「選挙」のために顔を売る手段と割り切っていると中山千夏には思われたのは、番組の始めと終りの挨拶をするくらいで、司会者としてはまったく消極的だったからである。あまり「何もしない」ので、中山千夏はある日、サブの司会の八代英太と、青島が何かしゃべるまで黙っていようと申し合わせた。沈黙を異常なまでに恐れるテレビで、それは思いのほかの難行であった。

耐えがたい時間がつづいたとき、ふと青島幸男がふたりを振り返って、悠揚迫らぬ口調でいった。

「ん?　どうしました?　次はどうなってるんですか」

仕掛けた方が狼狽する落着きぶりであった。

国会会期中も青島幸男は平気で番組に出演したが、委員会開催決定の連絡が秘書から入ると、本番直前であっても司会席を離れてモニター前に移った。テレビは「欠席」という意志表示であった。「国会は質問に立つ時と採決の時だけ出ればいいの」と青島はいった。「でも、委員会の開催中にテレビに出てたら、問題にされる」

そういうやり方をマスコミが問題視しなかったのは、時代だろう。

八一年、四十九歳のとき、青島幸男は実家の歴史をえがいた『人間万事塞翁が丙午《ひのえうま》』という小説で第八十五回直木賞を受けた。

これを書く前、青島幸男は作家になりたいとはいわなかった。小説を書きたいともいわなかった。ただ直木賞を取りたいとだけいった。「目的を決めて、そこに至るもっとも成功の確率が高いコースと方法を選ぶ」、それが青島幸男のやり方であり、生き方なのだ、と中山千夏は思った。その結果青島幸男が選んだ「方法」は、直木賞選考委員の井上ひさしを「コーチ」に頼むことだった。

なぜ、結果として一作しか書かなかった青島を親身になって応援したのか、「ひょうたん島」以来のなじみの井上ひさしを中山千夏が訪ねたとき、彼はこう話した。

「おれはこのままではダメになる、と本当に目に涙を浮かべて言うんですよ。直木賞をとらせてくれ、と。では、これからはしっかり小説書きますか、と念を押したら、書きます、小説家こそが夢だったんだから、小説に生涯をかけます、と言うんでね」(『芸能人の帽子』)

直木賞受賞によって二十代の予言をすべて実現させた青島幸男は、趣味の絵の腕を磨いて、九八年、二科展に入選した。恐るべき器用人であった。

民放番組をつくった青年たち

若いテレビ業界で番組構成作家あるいは出演者として、五〇年代から七〇年代まで自在に泳ぎ回った青年たちの最年長は、二九年生まれ、予科練上がりの前田武彦である。

戦後すぐ、鎌倉アカデミアで学んだ前田武彦は、五三年のNHKテレビ放送開始から構成作家となった。軽妙な語り口を買われ、やがてラジオのパーソナリティとなり、テレビ画面にも顔を出した。「出演者になればギャラ三倍、ヒマ三倍」と青島幸男に自慢したのは前田である。

前田武彦は、六九年には井原高忠が企画したギャグ番組「巨泉×前武　ゲバゲバ90分!」の冠として名前を連ね、七〇年代に入ると民放テレビの歌番組の司会者で定評を得た。しかし根っから共産党ファンであった彼は、放送中にそのことを口走って干された。だがやがて復帰、テレビ界の重鎮として遇された。

結核でテレビの仕事の出発が遅れた青島幸男を大いに嫉妬させたのは一歳下の永六輔であった。永六輔の本名は永孝雄、明国遺臣の子孫で浅草の寺の息子、祖父と父は「永」姓を中国江南音の「よん」と読ませていた。彼が当初から名のった筆名「六輔」は、「南無阿弥陀仏」六文字の輔《たす》けを借りるの意で、自ら命名した。

五九年、二十六歳の永六輔は作曲家中村八大から依頼されて『黒い花びら』(水原弘歌唱)を作詞、レコード大賞を受けた。六一年には坂本九が歌った『上を向いて歩こう』を大ヒットさせた。そのほか『黄昏のビギン』『おさななじみ』『女ひとり』『こんにちは赤ちゃん』『遠くへ行きたい』などを書いたが、六六年、三十三歳で作詞家の看板をおろした。どちらも友人である中村八大といずみたくの両立に悩んだ結果、というのが本人の語る理由であった。

この間、六一年、二十八歳のとき永六輔は、NHKテレビの日本初のバラエティ・ショー「夢であいましょう」の構成を担当、六六年までつづけた。その後もテレビ、舞台、ラジオ、書籍と多彩な活動をつづけたが、永六輔の本領はその歌詞に見られる正統的な抒情性にあった。

六五年十一月開始、日本テレビ深夜のワイドショー「11PM(イレブン・ピーエム)」のメイン司会者は音楽評論家の小島正雄であった。

しかし六八年初頭、五十四歳の小島が心筋梗塞で急死すると、司会陣の一角をになっていた大橋巨泉が繰り上がって、全国的な知名度を得ることになった。

学生時代に俳句に親しんだ大橋巨泉(巨泉は俳号、本名・克巳)は、六九年、パイロット万年筆のCFに出演した。商品を手にしつつ、「みじかびの　きゃぷりきとれば　すぎちょびれ　すぎかきすらの　はっぱふみふみ」という短歌もどきをほとんど即興で詠んだあと、巨泉は不敵な笑みとともに「わかるね」といった。

この歌を、一種の秀歌として評価したのは歌人岡井隆であった。

「ナンセンスの中に意味があり、意味の中に無意味が潜んでいる。この歌は案外、短歌という詩型のもつ、リズムと音韻と意味との関係の、伝統的な本質を示したともいえる」(岡井隆『現代百人一首』)

その六九年、大橋巨泉は二十一歳のモデル・女優の浅野寿々子と再婚した。このとき公称三十九歳であった大橋巨泉は、年齢を四歳多く詐称してきたことを明らかにした。要するに、持ち味の「大きな態度」の根拠が欲しかったのだろう。

大橋巨泉は七六年から「クイズダービー」の司会者となり、九〇年三月、五十六歳で「セミ・リタイア」を宣言するまでつづけた。「セミ・リタイア」とは一年の四分の三は海外で土産物屋をやりながら過ごし、帰国する三ヵ月だけテレビに出る生活のことであった。だが二〇〇一年、彼は参院選に民主党から出馬した。カナダ在住のままで選挙当日を迎えたいと巨泉はゴネたが周囲に説得されて帰国、おざなりな選挙運動にもかかわらず当選した。

しかし民主党両院総会で大橋巨泉は「民主党は社会主義インターナショナルに加盟せよ」と発言、反米色を強く打ちだして「党議拘束」に従わず、わずか半年で辞職した。彼は社会主義者ではなかった。日本には「左派」が一定数必要だとの考えが動機で、このようなバランス感覚は彼ら「テレビ人間」に共通するセンスであった。

それぞれの晩年

青島幸男は一九九一年、五十九歳のとき悪性リンパ腫を病んだ。このときは抗がん剤で克服したが、知事退任から七年、二〇〇六年十二月二十日に亡くなった。骨髄異形成症候群、七十四歳であった。九一年の抗がん剤使用の後遺症ともいわれる。

やや短命であったこの器用人の全盛期は一九六〇年代、その二十代末から三十代にかけてであった。『スーダラ節』のほか、「ゼニのない奴は俺んとこへ来い、俺もないけど心配すんな」と植木等が歌った『だまって俺について来い』、坂本九『明日があるさ』などの歌詞は、たしかに高度経済成長の時代精神を体現していた。しかし、だからこそ参院議員も東京都知事職もよけいだった感がある。

テレビ界の大御所として自適していた前田武彦は二〇一一年八月五日、肺炎で亡くなった。八十二歳であった。一九七四年、野坂昭如、小沢昭一とともに「中年御三家」と称して日本武道館を満員にするコンサートを行った永六輔は、七七年、中山千夏らの革新自由連合に参加、八三年には参院選に出馬したが落選した。以後も反体制的議論は維持したものの、政治には近づかず、九四年には『大往生』(岩波新書)をベストセラーにした。二〇一〇年、パーキンソン病と診断されて車椅子の人となったが、TBSラジオの「誰かとどこかで」は二〇一三年まで四十六年間つづけた。

大橋巨泉は二〇〇五年に胃がんを病んだ。それは寛解したが、一三年以降は中咽頭がん、縦隔リンパ節がん、肺がん、腸閉塞と多病であった。彼は二〇一六年二月四日、テレビ朝日の黒柳徹子のインタビュー番組「徹子の部屋」の四十年記念に車椅子の永六輔とともに出演した。口調ははっきりしていたものの体重五〇キロ、にわかに本人とはわからぬほど面変わりしていた。

一方車椅子の永六輔は口が閉じず、衰えが明白な姿だった。それでも青年時代の面影を宿した彼は、不十分な発声ながら徹子を相手にテレビ揺籃期の思い出をしゃべった。亡くなったのは二〇一六年七月七日、八十三歳であった。その五日後、大橋巨泉が八十二歳で亡くなった。

地上波テレビの初期をになったのは、青島幸男ら東京出身、それも下町出身の「学童疎開」世代であった。日本のテレビ文化に、軽快さと軽薄さをあわせ持つ明るいニヒリズムの遺伝子をもたらしたのは、「江戸前」の発想としゃべり方で地方嫌い、会社員以外の道で生きて行くという決意を持ち、「アメリカ文化」に何ら抵抗を感じなかったショービジネス好きの、青島幸男をはじめとする一団であった。

2007年に死んだ人々

宮本邦彦
石立鉄男
向坂ゆき
ミケランジェロ・アントニオーニ／イングマール・ベルイマン／小田　実
谷口千吉
真部一男

宮本邦彦

〈常盤台交番警察官〉

ある警察官の殉職

■みやもと・くにひこ

■2007年2月12日没（53歳）

■事故死（自殺しようとした人を助け電車にはねられ死亡）

宮本邦彦巡査部長（五十三歳）は東京・東武東上《とうじょう》線ときわ台駅前の交番勤務の警官だった。

ときわ台駅は始発・池袋から四・七キロ地点にある住宅地の駅、一日の乗降客平均四万八千人という。ときわ台駅前には三名勤務の交番があり、駅近くの踏切にほとんど隣接している。その踏切は、電車の往来が頻繁のため「開かずの踏切」と呼ばれていた。

死にたがる人

二〇〇七年二月六日の夜七時半頃であった。

ひとりの女性が踏切内に立ち入ったままなのを見て、宮本邦彦巡査部長は女性（三十九歳）を交番までともなった。交番勤務の他のふたりの警官は、このとき事件処理のために出払っていた。しかし女性は宮本の説得を聞かず、交番を飛び出して再び踏切に入ろうとした。立ちふさがる宮本巡査部長に対し、「私は死んでもいい。(邪魔をするなら)弁護士を呼ぶ」と叫んで、遮断機を押し上げ踏切内に入った。止めようとする宮本の腕を振り払い、踏切内から駅構内の線路に向かった。

踏切にはセンサーが設置され、遮断機が下りたあと六秒以上踏切内に自動車や人がとどまっていると四十メートル手前の信号機に異常を知らせるシステムだったが、彼らが踏切内で争った時間は六秒に満たなかった。

警報機の音が鳴り続けるなか、宮本は駅ホーム下の待避スペースに女性を抱えこんで入った。しかし彼女は宮本を押しのけ、線路に体を投げ出した。ホーム上には非常通報装置が四ヵ所設置され、ボタンを押せば一キロ以内にいる電車に警報を伝えることができた。

しかし帰宅ラッシュが終ったばかりのその時間、たまたまホームには駅員がいなかった。またホームで電車を待っていた乗客も、とっさの判断で非常ボタンを押せなかった。みな事態に「現実味」を感じることができず、茫然としていた。そこへ小川町行きの下り急行電車が接近してきた。運転士は線路上のふたりの姿を視認して急ブレーキをかけたが間に合わなかった。

電車と接触した宮本は頭蓋骨骨折で意識不明となり、救急搬送された。しかし意識の戻らぬまま六日後、二月十二日に亡くなった。女性は腰骨を骨折したが、命に別状はなかった。

殉職した宮本は二階級特進で警部となった。また、ときの安倍内閣(第一次)は、宮本に正七位旭日双光章《きょくじつそうこうしょう》を贈った。板橋区内の斎場で営まれた二月十四日の通夜には六百三十人が参列、十五日の告別式には警察庁長官を含む五百五十人が参列した。

同年六月十六日、ときわ台駅前に建てられた宮本邦彦警部の記念碑の除幕式が行われた。それは三月の「常盤台十二地区町会長会議」で発議された「宮本警部の記念碑を設置する会」が建てたもので、宮本警部が警察学校卒業アルバムにしるした「誠実・誠心・誠意」という言葉から「誠の碑」と命名された。

九年後にも踏切進入者

武蔵常盤《ときわ》駅は一九三五(昭和十)年開設、私設飛行場だった駅北側を東武鉄道が住宅地として開発、翌年「北の田園調布」と銘打って売り出した。街全体が半円を描く幾筋かの街並みに、クルドサック(袋小路)、プロムナード(並木道)、グリーンベイ(緑道)を配置して設計した昭和初期モダン住宅街の典型であった。ときわ台駅と改称されたのは戦後の五一年だが、やや雑駁な印象の東武東上線の他の駅前とは雰囲気が違っている。そんな街で宮本警部は住民たちに親しまれた。またそういう街だから「町内会」が形骸化せず残っていたのである。

大山は東武東上線でときわ台からふたつ池袋寄りの駅である。その養育院前交番も板橋署管内で、やはり踏切の斜め向かいにあった。交番を改築するとき、もともと生えていた木を残そうと二階の床と二階の天井の一部に穴をあけたので、立ち木が突き抜けている交番として知られている。

宮本警部の殉職から九年後の二〇一六年十一月三十日、養育院前交番に勤務していた小畑秀巡査長(二十五歳)は、約二十メートル離れた東上線踏切に入って右往左往する男性の姿をみとめた。

警報機が鳴りだす。「まずい」と判断した小畑巡査長は、とっさに交番を飛び出して踏切内にいた男性を正面からかかえ、自分の背中側に引きずった。その直後、電車が通過した。ふたりともケガはなかった。小畑に「死にたい」とつぶやいた男性は、近くに住む六十代であった。一七年二月、小畑巡査長に警視総監賞が伝達された。

小畑巡査長は宮本警部殉職のことを警察学校時代から知っていた。おなじ署員となり、「踏切が近いから、人身事故があってもおかしくない」と日頃から意識していた。実際に踏切に入った人を救出したときは、「何も頭になかった。警察官として走り出すのは当然のこと」と思った。しかし「もしかしたら自分も(宮本警部のようになる)……」と怖くなかったわけではない、と語った(「産経新聞」二〇一七年二月五日)。

新大久保駅ホームから転落

ときわ台駅踏切事故の六年前、二〇〇一年一月二十六日であった。午後七時十四分頃、JR山手線新大久保駅のホームから泥酔した男性が線路に転落した。男性は駅構内の売店で買った酒を飲んで酔っていた。

男性の転落を目撃したふたりの男性が、ホーム下の線路に飛び降り救出しようとした。ひとりは韓国人留学生の李秀賢《イスヒョン》(二十六歳)、もうひとりは日本人カメラマン関根史郎(四十七歳)であったが、転落した男性を含め、三人とも入線してきた電車にはねられ死亡した。

この事故後、国土交通省はホーム上に「列車非常停止ボタン」と「転落検知マット」を設置し、ホーム床には「待避スペース」を設けるよう全国の鉄軌道事業者に指導した。その結果、二〇一四年度までに、対象となる全国二〇七二駅すべてに「列車非常停止ボタン」あるいは「転落検知マット」の設置、および「待避スペース」の整備が完了した。

新大久保駅では二〇〇一年中にホーム下に「待避スペース」を設ける工事を行った。ホームドアが設置されたのは二〇一三年である。事故の翌年、二〇〇二年には平成天皇が韓国人留学生の両親を招いて、感謝と慰謝の念をつたえた。

石立鉄男

〈俳優〉

多趣味貧乏

■いしだて・てつお
■2007年6月1日没(64歳)
■動脈瘤破裂

俳優の吉村実子《じつこ》は一時俳優の石立鉄男と結婚していた。結婚生活は一九六八年からの十年だが、籍はその後も二十年あまり入ったままだった。

石立鉄男の死から五年たった二〇一二年、吉村実子はこんな手記を発表した。

〈玄関の掃除をしていたときのことだった。下駄箱のいちばん奥に埃をかぶった靴箱が押し込まれていることに気づいた。まったく見覚えのない靴箱だった。

埃が散らない様ふたをそっと開けると、そこには履き古した下駄が入っていた。

「あっ、これは鉄男さんの下駄……」

懐かしさはみじんも感じなかった。意外なことに憎しみも感じなかった。ただ……なぜ、あの時もっとはっきり言ってくれなかったのだろう、という悔しさだけがこみ上げてきて私の心を締め付けた〉(吉村実子「初めて語る石立鉄男との別離」、「文藝春秋」二〇一二年五月号)

全盛期のギャラはギャンブルで霧消

吉村実子は一九六三年夏、二十歳のとき、テレビドラマのリハーサルで一歳上の石立鉄男と初めて会った。よれよれのTシャツに短パン、ビーチサンダルという恰好で現れた石立を、「若大将」加山雄三の真似をして、と吉村は軽んじる気持を抱いた。女子美大付属高校在学中にスカウトされて『豚と軍艦』(今村昌平監督、六一年)の主役でデビュー、この六三年には、やはり今村昌平の『にっぽん昆虫記』に出演していた吉村実子だから、俳優としての実績は石立よりはるかに上だった。

しかし「本読み」が始まると、相手の印象は一変した。

〈台本に刻まれた台詞が、彼の口から発せられると命を吹き込まれたように私の耳元で踊るのを感じたのだ。／「すごい！」〉(同前)

石立鉄男は三年制俳優座養成所の十三期で最終学年の三年生、細川俊之、結城美栄子、佐藤友美、佐藤オリエ、横内正らが同期だった。それから間もなく、強引な石立に口説かれるかたちで二人のつきあいは始まった。

石立は養成所を六四年に卒業、文学座研究生となった。学習院大学から養成所に来た二歳年上の細川俊之もいっしょだった。六六年四月、水上勉《みずかみつとむ》脚本の舞台『山襞《やまひだ》』での演技が認められ、その年、研究生から劇座員に昇格した。

六七年、石立は日活映画『愛の渇き』に出演した。三島由紀夫が二十代で書いた小説を蔵原惟繕《くらはらこれよし》が監督したその映画で、石立は大阪郊外の邸宅に住み込んで家の外回りと温室の世話をする青年を演じた。純朴でいて複雑な性格を秘めたその天理教信者の青年は、浅丘ルリ子演じる若い未亡人に不条理に撲殺されるのである。

石立鉄男の賭博癖に不安を感じた吉村実子は、一度は彼から離れたが、六八年十二月、二十五歳のとき結婚した。しばらくは平和な生活だった。

石立がその名を知られるようになるのは、七〇年、TBSのテレビドラマ『おくさまは十八歳』に主演して以来である。石立は、十八歳の岡崎友紀《ゆき》とすでに結婚していながら、そのことを周囲には隠し、おなじ高校の教師と生徒として過ごすというコメディであった。少女マンガが原作のこのドラマは設定の奇抜さのみならず、企画者であり初回分から脚本を何本か担当した佐々木守が、三十分ドラマなのに一時間ものの分量のセリフを詰め込んだため、速度感が際立った。

七二年、『パパと呼ばないで』(日本テレビ)で子役の杉田かおると共演して好評を博し、石立が杉田を呼ぶときのセリフ「おい、チー坊」は流行語となった。以後、日本テレビで同工異曲の連続ドラマ、『雑居時代』(七三年)、『水もれ甲介』(七四年)、『気まぐれ天使』(七六年)、『気まぐれ本格派』(七七年）とつづけて主演、アフロヘアー、極端に早口のセリフ回し、高速で瞬《まばた》きしてみせる小芝居などで人気を集めた。

さらに七〇年代後半から八〇年まで、大映テレビ室制作、ＴＢＳ放映、山口百恵主演が印象的な「赤い」シリーズに出演した。この頃が石立鉄男の俳優としての全盛期で、のちに「五億から十億稼いだ」と述懐したのはこの時期のことだ。しかしその膨大なギャラは、結局「博打でみんな使ってしまった」のである。

家出二十二年で離婚

一九七一年五月、吉村実子との間に長男が生まれた。石立は当初、子煩悩であった。しかし七三年に次男が生まれ、その半年後からしばしば外泊するようになった。石立の博打好きと喧嘩っ早さはよく知られていたが、彼は女性好きでもあった。

七八年の正月、めずらしく家にいて子どもたちと遊んでいた石立が、「出かけてくる」といった。吉村は冗談のような口調で、「そんなに外がいいなら、もう帰ってこなくてもいいわよ」といった。石立は、振り向きもせず、家を出て行った。このときが結婚生活の、また父親としての生活の終りだったと吉村が気づいたのはのちのことである。

その後、正月や息子の誕生日に石立は数回顔を見せた。だが何時間もいないうちに、またふっといなくなった。

「もう帰ってきてくれないんだ、二度と幸せな生活は戻ってこないんだ、と納得するまでにはそれからさらに数年かかった」と書く吉村がもとめた離婚が成立したのは、裁判を経た一九九九年夏の終り、石立が家を出て二十二年目の夏の終りだった。

離婚届に判を押した日、双方の弁護士と四人で喫茶店に入った。そこで吉村は、たまたま持っていた二人の息子の写真を石立に見せた。

〈鉄男さんは懐かしそうな顔をして写真を覗き込み、／「この写真……」／私は最後まで聞かず、／「差し上げることはできません」／と言った〉

歌舞伎町のビル火災

一九九〇年代、五十代に入った石立鉄男は、俳優の仕事に倦怠しているふうであった。七〇年代のテレビドラマで売った強烈すぎるイメージが、その中年期には役柄の障害となっていた。

離婚する七年前の九二年、彼は兵庫県西宮市で養成所時代の先輩とペットショップを開いている。犬好きで、ブリーダーとしての実績もあった石立だったが、「億を超える借金」をかかえて倒産した。このときは、知りあって間もない風俗業の「スポンサー」に整理を助けてもらった。ついでゴミ袋製造の会社をおこしたが、これも失敗した。

正式離婚をした九九年には、新宿・歌舞伎町コマ劇場前の雑居ビル一階に風俗情報店を開き、その代表取締役に就任している。彼の「風俗好き」には年季が入っていて、これも趣味に沿った起業といえた。

ところが二〇〇一年九月一日、奇しくも「防災の日」にこの雑居ビルが火事で焼ける。四階建てビルの三階、ゲーム麻雀店のエレベーター前から出火したこの火事で、麻雀店の客と従業員十六人、四階キャバクラの客と従業員二十八人が死亡した。一九八二年の赤坂・ホテルニュージャパン火災における死者三十三人をしのぐ、東京では戦後最悪の火事であった。ゲーム麻雀店では違法の現金賭博を行っていたという。

このビルは、ペットショップで失敗した石立を救った「風俗界の帝王」の所有で、彼は一九八〇年代に巨額脱税で実刑判決を受けていた。また「住専」の大口融資先としても知られ、石立とは「タニマチ」として九〇年代初めからのつきあいだった。ただし石立は、火災のあった〇一年九月の一年前には取締役を解任されていた、と主張している。

「多趣味貧乏」

二〇〇四年八月、石立鉄男は熱海の蕎麦屋で女性といっしょに食事中の姿を写真に撮られた（「FRIDAY」〇四年八月二十四日号）。写真週刊誌の記者は石立を、「見た目にもくたびれた風情の男」と形容したが、このとき石立鉄男は六十二歳、相手は「田中角栄元首相の盟友だった〝昭和の政商〟故小佐野賢治氏の愛人として幾度かマスコミにも登場したことのある女性」で、「五十八歳」とある。石立は、自分の保証人である「風俗界の帝王」が競売で落とした熱海のペンション脇の一軒家に、休業ペンションの管理人という名目で住んでいる、とこたえた。

写真の相手の女性とは一九七〇年代終り頃からのつきあいで、彼女は小佐野賢治に出してもらった銀座のバー、「帝王」に出してもらった渋谷の喫茶店、どちらもつぶして自己破産した。経営には向いていないみたいだ、と石立が評した彼女は、石立が熱海に住み始めて間もなく「転がりこんできた」。インタビューの途中、眼鏡をはずして目をティッシュで拭く石立は、白内障の手術をしたが、左目は失明寸前なのだといった。

この年、彼は熱海で麻雀店を開いている。それ以前にも錦鯉の養殖をやり、将棋はアマチュアの高段者、陶芸、ゴルフと趣味は幅広かったが、事業として成功したものはなかった。器用貧乏というより多趣味貧乏であった。

二〇〇七年六月一日、同居人の女性が朝起こしに行くと、石立鉄男は蒲団の中で死んでいた。動脈瘤破裂、六十四歳であった。

葬儀の喪主は、母親との離婚以来二度しか父親に会ったことがないという長男がつとめた。身内だけで行うつもりの葬儀だったが、俳優座養成所時代の仲間などが集まった。

当時札幌のホテルに勤めていた吉村実子の次男は、葬儀出席のため急遽実家に戻ってきた。通夜の翌朝、次男が買ってきたスポーツ紙には、かつての「チー坊」杉田かおるがドラマ上の父「右京」の訃報に、マスカラの黒い涙を流している写真が出ていた。

吉村実子は、「私は彼のために杉田さんの様には泣けないな」と思った。そうして手記の最後をこんな言葉で結んだ。

〈それどころか、神様がいるとしたら、来世では絶対に鉄男さんと結婚させないでほしい、そして私が死んでも会いに来させないでほしいとお願いしたい――憎いからこう言うんじゃない。憎いとか悔しいという感情はない。ただ、辛かった。あんな辛い思いをするのは、私も息子達ももう二度と嫌なだけだった〉

向坂ゆき

「大正」のお嬢さんの一世紀

〈主婦、向坂逸郎《いつろう》(マルクス主義経済学者、翻訳家)夫人〉

■さきさか・ゆき
■2007年6月21日没(102歳)
■老衰

向坂ゆきは旧姓嶺《みね》、一九〇四(明治三十七)年生まれ、東京で育った。父は中学校の英語教師、女子高等師範学校(のちお茶の水女子大)初期の卒業生である母も高等女学校教師であった。嶺家は元高崎藩医の家で、祖先に『解体新書』の翻訳に参加した嶺春泰《しゅんたい》がいた。外国語に才能を発揮する家系なのであろう、ゆきの弟ものちに東大で英語を教えた。

ゆきは一九一七(大正六)年に府立第二高女(のち竹早高校)に入学して二二年に卒業、大正期の典型的な中流上層家庭のお嬢さんであった。ゆきが卒業した年の夏、嶺家は本郷から牛込・早稲田南町、漱石が五年前に亡くなった家の隣に越した。その家で十月に見合いをした相手は東大経済学部の助手で十七歳のゆきの七歳上だという。ゆき自身は相手の顔をまともに見られなかったが、父母が気に入った。向坂逸郎というその青年もゆきの両親に好感を持った。翌月ドイツに留学する、その前に婚約だけはしたい、と向坂青年はいった。

向坂逸郎のドイツ留学は、東大経済学部がうるさい助手をベルリンに追い払う意図がある、と万朝報に出ていたが、ゆきの両親は気にしなかった。追い払ったのではない、虎を野に放ったのだ、と父親は笑った。

ドイツ財政破綻の産物「向坂蔵書」

ゆきがベルリンにしきりに手紙を書いたのは、アメリカ回りで最長二ヵ月もかかる手紙が向坂から始終届いたからである。彼が留学した一九二二年、第一次世界大戦敗戦国のドイツは、とくにフランスからの過大な賠償要求の結果、ハイパーインフレーションに苦しんでいた。

その二十二年前、ロンドン留学した夏目漱石に文部省から支給された学資は月百五十円、現在的購買力では二百万円弱であったが、それでも下宿代を払い本を買うと大学の謝金を払うどころではなかったので、漱石はシェークスピア研究家の週一回個人教授を受けるほかは自学することにした。そうせざるを得なかった。それほどに円は弱く、西欧の物価は高かった。

しかし向坂の場合、ドイツの不幸は彼の幸運であった。文部省支給の月三百円の学資が何倍の価値にも使えたからである。彼はその金で、値崩れした本を大量に買い込み、それがのちに十万冊といわれる向坂蔵書の基礎をなした。

向坂はドイツ行きに先立って、ゆきに二十冊ほどの本を「読んでおけ」と宿題に残した。それは、向坂自身がマルクス主義に向かうきっかけとなった河上肇『貧乏物語』をはじめ、ジャック・ロンドン、石川啄木などの著作であった。向坂不在の二年半のうちに、ゆきはロンブローゾ『天才論』を除いてみな読んだ。向坂は留学にあたって、ゆきに残した本以外は売り払ったが、それは彼が本を売る最初にして最後の経験であった。

張り合いを感じた「農業自活時代」

帰国は一九二五年五月。翌月二十一日、向坂とゆきは上野精養軒で結婚式をあげた。向坂二十八歳、ゆき二十歳であった。その月のうちにふたりは、向坂が助教授として招かれた九州帝国大学に向かった。大正期は河上肇の京都帝国大学を皮切りに、つぎつぎ経済学部が法学部から分離、または新設された時期で、留学帰りの教員は重宝されたのである。翌年、向坂は二十九歳で教授に昇進した。

しかし二八(昭和三)年三月十五日、日本共産党員を中心に全国で千六百人が検挙、うち約五百人が起訴される「三・一五」事件が起きた。事件後、文部省が「左傾教授」の追放方針を打ち出したので、向坂は他の二教授とともに九州帝大を追われた。ゆきは教授夫人でありつづけることより、東京に帰れることの方を喜んだ。帰京後に体調を崩した彼女が初期の肺結核と診断されたので、転地療法で湘南・鵠沼《くげぬま》海岸に夫とともに二年半住んだ。三一年に東京へ戻り、三四年春、まだ田園地帯であった世田谷・等々力《とどろき》に居をさだめた。この間、向坂は外国の左翼文献、少年向き読み物などを翻訳して生活の資を得た。左翼の本は、まだかなり売れていた。

だが三七年、「人民戦線事件」で向坂は検挙され、玉川署に留置された。「労農派」の理論的指導者と目されたのである。留置は十ヵ月にもおよんだが、その間、ゆきは夫の病弱を言いたてて連日二回ずつ食事を差し入れ、また雑談をして夫を励ました。向坂が巣鴨拘置所に移されると、週二回の面会日には欠かさず通った。検挙一年半後の三九年五月、向坂は保釈されて帰宅した。

転向宣言をしなかったため、左翼関係の本にとどまらず、すべての翻訳仕事を禁じられた四十二歳の向坂と三十四歳のゆきは、以後、庭先農業で生きていかなくてはならなかった。自宅の周囲四百五十坪、そこから多摩川沿いに六キロほど北、嶺家が将来の移転のために買っておいた成城学園町の土地で、ジャガイモ、サツマイモ、カボチャなどをつくった。もっとも、なにごとにつけ理論から入りたいタイプの向坂は、農業専門書を読むばかりで実務に役立つところはなかった。

一方ゆきは、肥料用のわら灰をつくり、牛馬の糞を拾い、隣家の便所を汲ませてもらった。向坂の一高、東大の友人で農業関係の官公庁にいた人から優秀な種の融通を受け、平均収穫量の二倍もの質のよい野菜を生産すると見学者が訪れるほどになった。配給の大豆や痩せたイモ、それに向坂家では必要としない酒、タバコなどはみな交換用にまわし、買い出しの苦労と無縁に戦時中を過ごすことができた。東京のお嬢さんであった向坂ゆきは、この苛酷な「農業自活時代」に、むしろ張り合いを感じながら生きた。

「とうとう勝った！」

一九四五年八月十日の早朝であった。自転車に乗った玉川署の警部が等々力の向坂宅を訪れた。警部は人民戦線事件で検挙された向坂逸郎を取り調べた人であったが、長期にわたる所轄の留置所暮らしで向坂夫妻とは気持の通じるところがあった。再逮捕かと一瞬身構えたゆきに、警部はいった。

「けさ未明に日本政府はポツダム宣言受諾という無電を発しました。また先生方の時代が来ます。どうぞおからだをお大事に御活躍下さい」

〈とうとう生きのびた！　きびしい肉体労働と栄養失調とで肋骨を数えられるほど痩せてしまった向坂が遂にまいってしまうのと、日本がまいってしまうのとどっちが先かと心を痛め通しだった私。とうとう勝った！〉(向坂ゆき『過ぎし愛しき日々』)

向坂逸郎は四五年末、九州大学から復帰をもとめられた。社会主義運動をつづける、大学はおもに後期に集中講義して年の半分以上は東京在住という条件を向坂は大学にのませ、翌年から復帰した。向坂は四五年のうちに岩波書店版『資本論』の翻訳に着手し、五二年、終の棲み処となる中野区鷺宮《さぎのみや》の家に転居した。昭和初期に裕福な日本画家が建てたというその家は敷地五百坪、母屋のほかに凝ったつくりの茶室とアトリエの三棟があった。越して三年後、向坂逸郎はゆきにこの土地と建物を贈与する手続きをとった。自分が死んだあとの妻の生活を心配してのことだったが、のちに膨大な相続税を回避することになった。

翻訳書のほか、『マルクス経済学の基礎理論』『経済学方法論』などの著作を発表して左翼理論家のスターであった向坂逸郎は、五一年、山川均、大内兵衛とともに社会主義協会を設立、日本社会党左派の理論的支柱となった。五八年の山川の死後は、エネルギー革命による石炭産業の凋落にともなった炭鉱争議、とくに出身地大牟田に近い三井三池炭鉱の大争議に積極的に参加、活動家の育成に熱中した。自宅に有望な青年たちを集めて講義し、その一部は向坂邸の別棟に数ヵ月から数年住みこんだ。それら活動家予備軍たちに、ゆきを手伝って食事など日常の世話をするお手伝いさんをあわせ、八十人以上が向坂家に出入りした。

『資本論』は誰のもの？

戦後間もなく向坂が開始した『資本論』の翻訳事業には有力な協力者がいた。岡崎次郎という元九州大学教養部教授、のち法政大学経済学部教授となった経済学者・翻訳家である。

岡崎次郎は向坂より七歳下、ゆきと同年生まれで、一高から東京帝国大学文学部哲学及哲学史科に進み、さらに経済学部に入って一九二九年に卒業している。岡崎も一高時代、「驚くべきは現時の文明国における多数の貧乏人である」と欧州留学帰りの河上肇が書いた『貧乏物語』に刺激を受けてマルクス主義に目覚め、本人の言葉にしたがえば「入信」したのである。

東大卒業後はしばらく左翼文献の翻訳で暮らしを立てていたが、三三年、当時左傾学生上がりの収容先の様相を呈していた満鉄調査部の嘱託となった。しかし彼も三七年十二月十五日、「人民戦線事件」で検挙された。一年後、起訴猶予となって釈放されたが、この間勤め先を解雇されないどころか長期有給休暇扱いで、三九年、満鉄の大連本社に赴任して内地を去った。

三十五歳となった四〇年、検挙以前からなじんでいた七歳上の女性、つまり向坂と同年のクニを大連に呼び寄せて結婚した。四三年に北京赴任、終戦はその地で迎えた。国民政府に調査要員として一時留用されたが、四六年五月、無一文で東京に帰った。戦前からの知り合いの向坂を訪ねて『資本論』翻訳を「共同でやらないか」と誘われると、喜んで応じた。

大学教員不足の五〇年に岡崎次郎は九州大学の教授に招かれたが、経済学部ではなく教養部の所属であった。給料は安いうえに当時の九大は本部と県内二ヵ所の分校に分かれていて、そのうちの久留米分校に配属されたから、戦前の東京でも大陸でも遊び好きで聞こえた岡崎次郎は、やや渋々赴任したのである。

四年半勤めて五五年に辞任、法政大学経済学部教授となった。この間も翻訳はつづけ、岩波版『資本論』は五六年秋、第十二分冊の刊行を見て完成した。思いのほか時間がかかったのは、「共訳」を申し入れてきた当の向坂が担当した『資本論』第二分冊の翻訳が遅れたためである。残る分冊は、結局すべて岡崎が翻訳した。

「この他人名義でやった翻訳に私は少しも満足してはいなかったが、とにかく長い年月のあいだ絶えず心に引掛かっていたことだっただけに、これでどうやら一仕事済ませた、という安心感のようなものはあった」(岡崎次郎『マルクスに凭《もた》れて六十年』)

しかし刊行された『資本論』の翻訳者名義は向坂のみ、第二分冊の「訳者あとがき」に「岡崎次郎氏に下訳をしてもらうことにした。同君の訳はそのまま公刊できるくらいに良いものであったが、私はそれを自分の思うままに直した」という向坂の言葉が記されていた。

「下訳?」、岡崎は大いに不満であったが、その意を向坂に伝えなかった。ただ、信頼している相手とでも口約束はいけない、紙に書いておかなくてはダメだ、と後悔した。訳者印税は増刷分を含め、当初の約束通り半分が岡崎に送られつづけた。

左翼翻訳本バブル

一九五九年、岡崎は大月書店版『マルクス＝エンゲルス全集』の翻訳に、今度は自身をまとめ役とした十人ほどのチームでとりかかった。

長くつづく作業のうちに、共産党との距離のとりかたをめぐっての仲間割れで数人が離れたが、七五年に全三十九巻が完成した。七五年といえば、すでに左翼が退潮しつつある時期である。それでも岡崎によれば、各巻平均定価三千百円もしたこの『マル＝エン全集』は、八一年七月末までに百二十万部売れたという。印税総額三億七千万円、そのうち岡崎への配当分六千万円、別に六一年から六四年までの三年余をかけ、岡崎次郎名義で完成した大月書店版『資本論』の普及版や国民文庫版の印税は九千万円だったという。

この大月書店版『資本論』翻訳に際して、岡崎は当初、東大の院生三人との研究会方式をとった。毎週一回法政大学の岡崎研究室に集ってそれぞれの訳文を検討、最後に岡崎が確定するというやり方である。ところが向坂から横槍が入った。

「向坂塾生」でもあった三人の院生に向坂は、こういったという。

「岡崎といっしょに『資本論』を勉強するだけなら君たちの自由だが、翻訳して出版する積もりなら、それは自分の商売がたきになる」「そんなことをするなら今後は絶交だ」

岡崎は三人を「解放」したが、「商売がたき」という言葉は、「反俗をもって自任する向坂には甚《はなは》だ似つかわしくない」と思った。

岡崎次郎は六七年春、十三年つとめた法政大学教授職を六十三歳で辞した。この間、一年間の外国研修の権利を得たものの辞退した。大月書店社長小林直衛も売行き好調の国民文庫版『資本論』に報いる意味で、三百万円出すから奥さんといっしょに欧州へ行ってきたらどうかと勧めたが、これも断った。いい年をしての外国行きは疲れるばかり、という理由であった。

六六年初夏のことだ。岩波書店から『資本論』増刷分の発行・印税支払い通知がきたが、約束の期日を過ぎても印税が届かない。問い合わせると、岡崎が他の版元から『資本論』を出したことに向坂がひどく怒り、印税の支払いを止めるように連絡があった、お二人の話し合いが終るまで双方への印税分は社で預かる、との回答であった。

向坂が岩波に送った手紙というのを岡崎は見せてもらった。それは「自分の下訳をさせてやった岡崎が無断で大同小異の訳本を他社から出すとは天人共に許さざる重大な裏切り行為」だから、いずれ「弁護士を代理人として差し向け厳重に糾明するが、取り敢えず岡崎への印税支払を停止せよ」という「憤怒の形相が眼前に迫る思いをさせるに足りる」内容であった。

新訳に際してひとこと向坂に挨拶しておけばよかったかな、と岡崎は若干の自責の念を覚えないではなかったが、向坂にはすでに「共訳」あるいは「責任訳」を「下訳」とされて甘んじるという過分なサービスをしてきたではないか、と思い直した。しかし今後の紛糾を避けるには、自分が岩波版『資本論』の印税を辞退するしかあるまい、とも考えた。二年後に迫った「『資本論』百年」の売出しでふくらむ印税をあきらめることになるが、それも仕方ない。

六七年三月、向坂逸郎から会いたいという連絡があった。新橋の千疋屋《せんびきや》レストランに姿を現した向坂はゆき夫人をともなっていた。「ショック・アブソーバー」のつもりなのだな、と岡崎は思った。食事中はなごやかな雑談に終始し、最後に向坂が、「あなたの気持ちもよくわかった、いろいろ物入りがかさむので一つ宜しく頼みます」といった。

どんな気持ちが「わかった」のか、何を「宜しく頼む」のか判然としなかったが、数日後岡崎は、その年、六七年十月限りで印税受領権を放棄するという内容の手紙を出した。十月、岩波書店は「マルクス『資本論』百年記念、向坂逸郎訳『資本論』全四冊、五十年にわたる研究の成果、畢生《ひっせい》の訳業ここに完成」という大きな新聞広告を出した。

「マルクス主義は必ず勝利する」

向坂ゆきは一九七二年、招かれて夫とともに東ドイツ(彼女は東ドイツとは呼ばず、夫にならってドイツ民主共和国、またはDDRといいつづけた)、ブルガリア、ソ連をひと月あまり旅した。このとき向坂逸郎は七十五歳、ゆきは六十七歳であった。ゆきが夫の老いを実感したのはこの頃からである。しかし、老いとそれにともなう性格変化はその四年前、「プラハの春」を圧殺したソ連軍を向坂が擁護したあたりから始まっていたと思われる。

向坂はさらに、七九年のソ連軍のアフガニスタン侵攻を支持し、「プロレタリア独裁下では政府に反対する言論の自由はない」と発言した。また「日本に社会主義政権が誕生すれば、非武装中立という社会党の党是を見直し、軍備を持ってワルシャワ条約機構に加入する」ともいった。

ゆきは向坂逸郎が人の話を聞くこと、とくに自分の専門外の人の話を聞くことが好きで、どんな人ともおもしろげに接したが、一度だけ追い返したことがあると回想している。

〈週刊誌の記者(週刊ポスト、七八年新年号)が対談をさせようとして、厚化粧で女みたいな身なりの人をつれてきたことがあるんです。私もたまげちゃったの〉〈どうしようかと思ったけど、「上げろ」というから上がってもらって、一五分も話したかな、そうしたら「君は帰ってくれ」って向坂が〉(『過ぎし愛しき日々』)

このときの相手はゲイバー店主、東郷健であった。現実のやりとりはもっときわどかったようで、向坂は東郷に、「ソビエト社会主義社会になればおまえの病気(同性愛)は治ってしまう」「こんな変な人間を連れてくるなら、もう小学館の取材にはいっさい応じない」と暴言を吐きつづけた。一方東郷健は向坂を、五百坪の地所の豪邸に住まって、都心のアパートの家賃の相場も知らない、ブルジョア以外のなにものでもない、とくさした。

ずっとのちの二〇〇二年、東郷健の半生記『常識を越えて　オカマの道、七〇年』の出版パーティの席上、当時の保坂展人《のぶと》社民党総合企画室長は、「党を代表して」向坂の発言を取り消し、謝罪した。

一九三二年、祖父は衆議院議員、父は県会議員をつとめた大地主の家に生まれた東郷健は、関学大を卒業して第一銀行（現みずほ銀行）に勤めた。結婚して一男二女をもうけたが、つのる思い抑えがたく、三十一歳で姫路にゲイバーをひらいた。

のち上京して「ゲイ」雑誌の編集長となり、新宿二丁目でゲイバーを経営、一時は年商二億円となるまでに成功した。七一年から九五年まで、衆議院を中心に選挙に出つづけ、「東郷元帥の東郷、高倉健の健、オカマの東郷健がやってまいりました」と連呼した。当選ではなく、NHKの政見放送で「オカマの人権」を訴えることが目的だったという。そのNHKに過激発言をカットされたのは不当であると最高裁まで争ったが敗訴した。この間、没収された供託金は一億円を超えた。

しかもネットの普及で雑誌の売上げは激減、バーも人手にわたした。二〇〇六年に新宿ゴールデン街に開店したバーもうまくいかず、中野区のアパートにひとり逼塞した。一二年四月初め、介護サービスのスタッフが食事を届けにきたが、返事がない。家主が解錠して室内に入ると、東郷健は亡くなっていた。四月一日没で死因は前立腺がんとされた。七十九歳であった。

「七十五歳を過ぎて徐々に下り坂になりまして、だんだん向坂逸郎らしくなくなってきました」とゆきが回想する向坂は、一九八四年夏入院、「たくさんの管に取り巻かれた生活を七ヵ月過ごした後」、八五年一月二十二日、八十七歳で亡くなった。ドイツ民主共和国もソ連邦もまだあった時代で、「マルクス主義は必ず勝利する」という確信を失わないままの死であった。

「これから西の方へ行く」

岡崎次郎は六十歳になったとき、あとどのくらい丈夫で生きられるか、と医者に尋ねた。とくに悪いところはないから、十年はもつでしょう、と医者は答えた。印税もその頃までは大丈夫だろう、と計算した岡崎だが、七十歳になっても風邪ひとつひかず、体力の衰えも感じなかった。そこでその年、『現代マルクス゠レーニン主義事典』(社会思想社)を企画した。総項目千三百四十七、執筆者二百二十名、上下巻と総索引・年表の別巻、売価あわせて四万円という大仕事が完成したのは八二年一月、岡崎次郎は七十七歳になっていた。

それでもまだ死ぬ気配がないので、今度は自伝を執筆し始めた。まず戦後の分から書き始め、つぎに戦前に戻って書いた自伝が『マルクスに凭れて六十年』で、「自嘲生涯記」の副題が付された。この本の刊行は八三年二月だから、向坂逸郎も読んだのではないか。

『マルクスに凭れて六十年』の最後に、このようにある。

「私がマルクスに別れを告げるのは、マルクスを見捨てるのでもなければ、マルクス主義に背くのでもない。(……)生来根気の乏しい、そして老いてますます根気のなくなった私は、この思想と行動とにおいて無類に頑強な怪物とこれ以上取り組むことを諦めたのである」

「マルクスと別れた私はもはやなにもすることがない。したいこともない。(……)いま私にとって問題なのは、いかにして生きるかではなく、いかにしてうまく死ぬかである」

「この回想記を書き終わって、余りにも自主的に行動することの少なかったことを痛感する。せめて最後の始末だけでも自主的につけたいものだ」

この本を友人・知人に献じ、またさりげなく別れの会を催した岡崎次郎は、東京・本郷のマンションを整理し終えた一九八四年六月六日、「これから西の方へ行く」と言いおいて、八十六歳の妻の手をひいて旅に出た。

その日の夜は品川のホテルに宿泊した。そこから西へ、伊豆大仁《おおひと》温泉、浜松、京都、岡山、萩、広島とめぐったことがクレジットカードの記録からわかる。この間、岡崎次郎は八十歳になっている。約三ヵ月後、九月三十日は大阪のホテルに泊った。それを最後にふたりの足取りは途絶えた。おそらくその日か、それから間もないうちにどこかで亡くなったのだと思われるが、遺体は発見されなかった。「誰にも迷惑をかけない」という望みは成就した。

彼女が帰りたかった時代

八十歳で夫を失った向坂ゆきは、夫存命中から府立第二高女のクラス会にはいそいそと出掛けていた。その打合せのためのクラスメートとの電話の声は、向坂逸郎にいわせれば、まさに「大正時代の女学生そのものの口調」であった。

一九二二年に六倍の倍率を通過して入学した五十名中、五年後に卒業したのは四十四名であった。それが八十九歳となる一九九三年には、俳優の村瀬幸子《さちこ》が亡くなって十六名となった。村瀬幸子は第二高女から進んだ東京女子大を中退して、二五年、築地小劇場の研究生として役者生活をスタート、四四年に千田是也《せんだこれや》、東山千栄子らと劇団俳優座を結成した人である。老いても現役をつづけ、八六年、映画『人間の約束』(吉田喜重監督)に出演、九一年には『八月の狂詩曲《ラプソディー》』(黒澤明監督)でリチャード・ギアと共演した。

ゆきは村瀬幸子の死を同窓会誌に書いている。

「一九九三年十月九日、公演先前橋市にて急死。十五日、千日谷会堂にて俳優座劇団葬。クラスから花輪を捧げ(……)代表して参列いたしました。クラスの皆様もお別れをなさりたかったでしょうに、思うにまかせぬトシとなりました」

同級生が九十二歳となる九七年には存命者は十名に減り、九八年、九十三歳のときには七名となったことが、ゆきの同窓会雑誌への寄稿からわかる。それにしても、みなさん結構な長生きだ。

向坂が収集した十万冊の左翼関係の蔵書は、向坂死後半年の八五年七月法政大学大原社会問題研究所に寄贈が決まった。よく受け入れてくれたと思うが、町田市に法政大学新校舎が建設されたという時期的幸運にも恵まれたのだろう。ゆきの名義となっていた鶯宮の土地は、九〇年、ゆき八十五歳のとき、ゆきが死ぬまでそこに居住するという条件で法政大学に寄贈された。

だが、ゆきは最期を自宅で迎えることはできなかった。九十五歳になったばかりの九九年十一月、自宅近くで転倒して腕を骨折した。二〇〇四年、九十九歳で脳梗塞の発作を二度起こした。その後はリハビリに専念して杖の助けを借りれば階段を上がれるまでに回復したが、翌〇五年、介護老人保健施設に移った。

そこで日々ゆるやかに衰えながらも明るく過ごしていたが、水分の摂取量は日ごとに減じ、〇七年六月二十一日、枯れるように亡くなった。奇しくも八十二年前にゆきが向坂逸郎と結婚した日であった。百二歳七ヵ月を生きた彼女は、東京山の手の中流家庭の娘であった大正時代に、あるいは府立第二高女の生徒であった記憶の中に回帰した。

たまたま同日に亡くなった

3人とも2007年7月30日没

ミケランジェロ・アントニオーニ

■映画監督（94歳）

イングマール・ベルイマン

■映画監督（89歳）

小田 実《まこと》

■作家、社会運動家（75歳）

イタリアの映画監督ミケランジェロ・アントニオーニ、スウェーデンの映画監督イングマール・ベルイマン、日本の作家・社会運動家小田実は、たまたま二〇〇七年七月三十日の同日に亡くなった。

期待はずれの「純文学」映画

ミケランジェロ・アントニオーニは一九一二年九月生まれ、日本では大正元年にあたる。九十四歳と長命のわりに長編作品が十六本と少なかったのは、デビューが遅かったうえに、興行的に収益を期待しにくい映画ばかりだったからだろう。

ロベルト・ロッセリーニ監督の「ネオ・レアリズモ」、すなわちドキュメンタリー・ドラマの傑作『戦火のかなた』(四六年)の脚本に協力することで映画界に参入したアントニオーニは、四七年、三十五歳で『ポー河の人々』で監督デビュー、五七年の『さすらい』でそのスタイルを確立した。その後『情事』(六〇年)に始まり、『夜』(六一年)を経て、『太陽はひとりぼっち』(六二年)に至る、いわゆる「愛の不毛三部作」を撮って世界的巨匠と呼ばれるようになった。

私が『情事』の予告看板を新潟県の地方都市で見て、「情事」という単語に赤面したのは六一年だった。「情事」の意味ははっきりしなかったが、セクシュアルな匂いはイナカの十一歳にも伝わった。実際に「愛の不毛三部作」を見たのは二十歳前後、東京の名画座であった。ついでアントニオーニ映画のヒロイン、モニカ・ビッティ主演の『赤い砂漠』(六四年)、バネッサ・レッドグレイブ主演の『欲望』(六六年)を見たが、期待した性的興奮は得られなかった。

やはりモニカ・ビッティ主演の『夜』はベルリン国際映画祭金熊賞、『赤い砂漠』はベネツィア国際映画祭金獅子賞、『欲望』(六六年)はカンヌ国際映画祭のパルム・ドールをそれぞれ得て、アントニオーニは世界三大映画祭すべてのグランプリ監督となった。しかし要するに「純文学」映画なのである。「男女の愛」はもともともろいものだから、あえて「愛の不毛」などと言い立てる必要はなかろう、見て疲れる映画は困る、というのが若い私の感想であった。

『情事』の原題は『冒険』である。『夜』はそのままだが、『太陽はひとりぼっち』は『日蝕』だった。『欲望』の原題は『Blow-up』、爆破する、台無しにする、膨らませるなどの意味があるが、ここでは主人公のカメラマンが写真を「引き伸ばす」行為とした。それを『欲望』にかえたのは、日本の配給会社が純文学映画を性的映画と誤解させるべく努力した結果だろう。アントニオーニ作品ではないが『二十四時間の情事』(五九年、アラン・レネ監督)の原題は『ヒロシマ・モナムール』、『情婦』(五七年、ビリー・ワイルダー監督)は『検察側の証人』、これらも工夫の末の邦題だった。

アントニオーニは、七二年、六十歳のとき、江青に指名されて文革下の中国に赴き、三時間を超えるドキュメンタリー『中国』を撮った。しかし江青が出来栄えに不満で、結局中国では公開されなかった。

八五年、七十三歳のとき脳卒中に見舞われ、以後半身不随となったアントニオーニは、九五年、八十三歳でヴィム・ヴェンダースを共同監督に、自身の短編小説を映画化した『愛のめぐりあい』を発表したが、二〇〇七年七月三十日、ローマで九十四年の生涯を閉じた。

「元気のよい小津」

イングマール・ベルイマンは一九一八(大正七)年、スウェーデンのウプサラに生まれた。こちらは「神の沈黙」三部作の監督で、生涯作品は四十本以上。

監督第一作は四五年、二十七歳での『危機』だが、五二年の『不良少女モニカ』がフランスの映画批評誌「カイエ・デュ・シネマ」でヌーベルバーグの作家・批評家たちに激賞されて広く知られ、『夏の夜は三たび微笑む』(五五年)、『第七の封印』『野いちご』(五七年)、『処女の泉』(六〇年)で巨匠と称された。「神の沈黙」三部作は『鏡の中にある如く』(六一年)、『冬の光』(六二年)、『沈黙』(六三年)で、みな原題の直訳である。

『沈黙』では、イングリッド・チューリンによる映画史上初めての女性のオナニーシーンが話題になった。スウェーデンといえば「フリーセックス」と早飲み込みした六〇年代日本の青少年は勇んで『沈黙』を見に行き、ちっとも性的興奮をそそられず、スウェーデンも所詮「純文学」かと失望した。私もその一人であったが、近年『野いちご』を見て、一種のロードムービーのさりげないユーモアに感心しながら、映画を貫く「無常観」に興味を持った。元気のよい小津安二郎のようであった。

七六年、ベルイマンが脱税容疑でスウェーデン当局に逮捕されたというニュースに接した。しかし二ヵ月後容疑不十分で釈放され、当時五十七歳のベルイマンは間もなくスウェーデンを去った。かけられた容疑の詳細はわからないが、北欧福祉国家の税金はおそろしく高いらしい、いくら稼いでも手元には残らないのだろう、と思った。やがて政府と和解したベルイマンは帰国、バルト海上のフォーレ島に住み、七八年、六十歳のとき老母役にイングリッド・バーグマン、その娘役にリブ・ウルマンで『秋のソナタ』をつくった。

「人生の秋」に最高作

イングリッド・バーグマンは、一九一五年ストックホルム生まれでベルイマンの三歳上、グレタ・ガルボにつづくスウェーデン出身の世界的映画女優である。バーグマンをスウェーデン音で読めばベルイマン(またはベリマン)、ただし同族ではない。バーグマンの母親にはユダヤ人の血が流れていた。

すでに結婚して小さな娘もいたバーグマンだが三九年に渡米、二十七歳のとき『カサブランカ』(四二年)でハンフリー・ボガートと共演した。ついで『誰が為に鐘は鳴る』(四三年)、『ガス燈』(四四年)に出た。戦中から戦後にかけて戦場写真家ロバート・キャパと恋愛したが、それはアルフレッド・ヒッチコックの『白い恐怖』(四五年)、『汚名』(四六年)などに出演した時期と重なる。やがて彼女はアントニオーニの師匠格、ロベルト・ロッセリーニの『無防備都市』(四五年)、『戦火のかなた』を見て感動、次回作『ストロンボリ、神の土地』(五〇年)への出演を自ら売り込んだ。同年、彼女はロッセリーニの子どもを産んで、医師であった前夫と離婚した。しかし、明るく決断力のあるバーグマンと、現場で考え込んで凍ってしまうタイプのロッセリーニとでは長続きせず、七年で別れた。

七四年、五十九歳のバーグマンは『オリエント急行殺人事件』に出演した。アルバート・フィニィ、ショーン・コネリー、バネッサ・レッドグレイブ、ローレン・バコール、アンソニー・パーキンス、マイケル・ヨークらが顔を揃えたオールスター作品で、シドニー・ルメット監督は彼女に亡命ロシア人貴族、ドラゴミロフ公爵夫人役を提示した。だがバーグマンは、やや知恵遅れのスウェーデン人宣教師グレタ・オルソン役を選んだ。ルメットも大女優に敬意を表して、オルソンの独白を五分間の長回しで撮った。すでに『ガス燈』と『追想』(五六年)でアカデミー主演女優賞を獲得していた彼女だが、この作品では助演女優賞を得た。

彼女の最後の映画出演作品がベルイマンの『秋のソナタ』(七八年)で、六十歳のベルイマンと六十三歳のバーグマン、ともに「人生の秋」を迎えたふたりの最高作といわれた。七四年に乳がんを発症したバーグマンは、八年の闘病の末、一九八二年八月二十九日、六十七歳の誕生日に亡くなった。グレタ・ガルボより十年遅く生まれ、八年早く死んだ。

ベルイマンは八〇年代以降、おもに舞台演出家として活動した。シェイクスピアとストリンドベリ作品を多く取り上げ、三島由紀夫『サド侯爵夫人』も演出した。彼は二〇〇七年七月三十日、フォーレ島で死んだ。八十九歳だった。

「歴史の必然」を「見てやろう」

小田実は六〇年代後半から七〇年代前半にかけ、反戦大衆団体「ベ平連」(「ベトナムに平和を!市民連合」)の代表として知られた。しかしその本質は、一九六一年、二十八歳で刊行した世界貧乏旅行記『何でも見てやろう』によりよく現れている。

「ひとつ、アメリカへ行ってやろう」と小田実が思ったのは五七年秋、二十五歳のときである。しかし日本は「独立」してまだ六年、自由な外国渡航など考えられない時代であった。東大文学部言語学科を卒業して大学院に進み、予備校の英語教師をしていた小田実は、狭き門のフルブライト留学生の試験を受けて合格した。

試験のヤマは英語で行われる面接であった。しかし彼はまだ一度もアメリカ人と話したことがなかった。

〈私を「面接」したフルブライト一党はまさに笑いづめであった。そこへもってきて、私は小説を書く男というおかしなふれこみであり、かてて加えて、英語がかいもくしゃべれないときた。まったくのところ、「おまえは大学で何を研究しているのか?」と訊かれて、「私は昼食には地下食堂で金三十五円ナリのミソ汁つき定食を食べることにしている」と答えていては、そいつを聞いたほうでは笑い出すよりほかはないではないか〉(小田実『何でも見てやろう』)

第二回目の面接にはアメリカ人職員たちが大挙して見物にやってきた。小田実は、五八年夏、船で太平洋を渡った。シアトルからは列車で大陸を横断してボストンに至り、ハーバード大学で学んだ。滞在中、カナダ東部、アメリカ南部、メキシコを旅した。

一年半後、さらに半年のアメリカ滞在を希望したがビザの延長は認められず、滞在期限ぎりぎりの五九年十月九日、「クイーン・エリザベス号」船底深くの安切符で英国へ向かった。サウザンプトンに着き、ロンドンを経てダブリンへ行った。そのあとオスロに向かったのは、アメリカでオスロ発東京行きというエアチケットを買ってあったからである。少しでも東京に近づくのであれば何度でもストップオーバー可能という権利を生かして、できる限り多くの国を「見てやる」つもりだった。

小田の世界見物計画には、もちろん共産圏も入っていた。五〇年代後半の世界では、人工衛星の開発をはじめ科学技術でソ連邦がアメリカをリードしていると考えられたし、毛沢東は「東風は西風を圧する」「アメリカ帝国主義は張り子の虎である」とうそぶいていた。そうして当時の日本の知識青年は、資本主義がやがて爛熟し衰亡に向かうという「歴史の必然」を信じていた。

小田実もそのひとりで、限界に達した資本主義を体験するためにアメリカへ行ったのである。留学中、中国訪問したばかりの火野葦平《ひのあしへい》が招かれてハーバード大学で講演をした。「中共には餓死はなくなったが、自由もなくなった」と火野がいうと、みないっせいに拍手した。しかし小田は、ひそかにこう言い直した。「中共に自由はなくなったかもしれないが、餓死もなくなった」。アメリカによる大阪大空襲下を二回も逃げまわり、戦中戦後のすさまじい食糧危機を経験した彼のいつわらざる感想であった。

「もうこれはタマラン」

だがソ連など共産圏には、ついに行けなかった。ビザを買えなかったからである。北米大陸を一日四ドルで旅した彼は、アメリカを出るとき、半年間一日一ドルで旅するつもりで、航空券のほかにアメリカの友人たちからの借金や「シキンカンパ」で合計二百ドルを所持していた。だがソ連の旅行会社は、個人旅行したいなら一日あたり三十ドルを事前に払い込め、といってきた。

一九六〇年の日本のGDPは十六兆円、ひとりあたりでは十七万円、二〇一〇年代レベルの三十五分の一にすぎなかった。一ドルに、おそらく二〇一〇年代の千五百円くらいの購買力があっただろうこの時代、彼はユースホステルやスチューデントハウスに泊りながら、二百ドルで半年間、十九ヵ国を「見た」。そうして深い疲労に沈んだ。それは旅の無理だけによるものではなかった。西アジアや南アジアの絶対的不平等と絶対的貧困のなかで途方に暮れ、しだいに憔悴していく青年の姿が『何でも見てやろう』の行間から浮かび上がる。

アメリカ文化は画一的で内側に巨大な空洞を抱え込んでいるようだ、冷凍食品にあふれたスーパーマーケットは薬臭い——と小田は難癖をつけた。だがそれは贅沢で不遜な感想にすぎなかった。世界は、巨大な空洞を抱え込もうと薬臭かろうと、食べられさえすればいいというつぶやきと叫びに満ちていた。想像を絶する貧困と格差を目撃した末に彼は、「もうこれはタマラン、ぜがひでも、何がなんでも、ここから逃げ出したい」と真率の悲鳴をあげるのである。小田実は、その後の彼のイメージと違って、図太く向こう見ずな青年ではなかった。尊大でもなかった。人並み以上に誠実な青年であった。

香港までたどり着いて、持ち金は尽きた。記念品のつもりでアメリカに持参した百円札を両替してスターフェリーに乗り、マントウを二個買うと文字どおりの無一文になった。

「自慢」と民族主義は違う

「小さい頃はおとなしい弱虫だった」とは、小田実が「べ平連」で有名人となったあと大宅壮一が集めた証言のうち、弁護士であった小田の父親の言葉である(「七〇年への挑戦者《チャレンジャー》・小田実を裸にする」、「月刊現代」六九年九月号)。大阪の高校時代の彼は秀才の文学青年であった。英語は得意で、プルーストを英訳版で読み、ジョイスを原書で読んでいた。わざわざダブリンへ寄ったのはそのためだろう。

処女小説にして全体小説をもくろんだやたら長い『明後日の手記』を書いたのは高校二年生のときで、作家中村真一郎に河出書房を紹介してもらった。その編集者坂本一亀《かずき》は、「人を睨みつけるような目つきで、笑顔も見せず、返事も〃ハイ〃と〃イイエ〃だけのギコチない少年だった」と回想している。

大学院二年で二冊目の長編小説『わが人生の時』をおなじ河出書房から刊行したが、批評はかんばしくなかった。「〃俺を誰も作家として認めてくれない〃といってフトンをかぶって泣いたこともある」とは、学生結婚した最初の妻の言葉だ。小田実は二年間にわたった在外中、彼女に一通も手紙を出さず、帰国後まもなく離婚した。

帰国した六〇年春から数ヵ月は、疲労と栄養失調のために半病人のように過ごし、いわゆる「六〇年安保」の大衆的政治運動の高揚の渦の中には入らなかった。彼が西荻窪の喫茶店を仕事場がわりに、留学記および世界旅行記の原稿を書き始めたのはその年の七月であった。

〈日本へ帰ってから、おまえは、おまえの世界のぶらつきのあいだ、劣等感を感じたことはなかったかというアホらしい質問を、アホらしいぐらいよく訊ねられた〉

〈私なら、どんなときにおまえは優越感を感じたか、と訊くところであっただろう。事実、生来いばることが大好きなせいもあって、私は世界のあちこちで日本のことについていばりづめにいばっていた〉(『何でも見てやろう』)

それは民族主義に似て非なる自慢であった。

〈世界有数の工業国(「原爆以外は何でもつくれる」と私はいばることにしていた)、世界でもっともいそがしい、活力にとんだ国(これは日本を訪れた外国人がひとしく賛嘆もしくは慨嘆するところであろう)、世界有数のインテリ国(超満員の電車のなかでも、ひとは本を、それもサルトルでもフロイトでもマルクスでも読むではないか)〉

〈世界でもっとも自由な国(ある意味ではアメリカよりフランスよりもわが日本国ははるかに自由だ。ことに、欲しくない子供は合法的にまったく簡単におろすことができる。これも比類がない)〉

〈いや、もう一つあった。私はこれこそ本心からいばることができたのだが、東と西、また中立陣営をとわず、世界の文明国じゅうで、徴兵制というような野蛮な制度がない唯一の国で、わが日本国はあるのではないか〉

「べ平連」代表となる

神経質でやや優等生的傾きのある自分を変革するために、あえて苛烈な条件下の旅を自らに課した青年の世界見聞記『何でも見てやろう』は一九六一年二月二十五日、「痛快なビンボウ旅行記青春の元気あふれる面白さ」という惹き文句つきで河出書房新社から発売された。八ポイント活字を二段組でぎっしり詰め込んだ本なのに、発売十ヵ月で二十万部売れた。その本は、「世界」におじない「戦後青年」の出現として日本人を大いに勇気づけた。私の母親はベストセラーにも文学にもまったく興味のない人だったが、わざわざ友人から借りてきた。しかし本は長い間、茶箪笥の上に放置されたままで、結局読まれなかった。

その四年後の六五年春、アメリカ軍による北ベトナム爆撃（「北爆」）が開始されたとき、「六〇年安保」以来、市民グループ「声なき声の会」の事務局長をつとめていた政治学者の高畠通敏《たかばたけみちとし》は、京都の鶴見俊輔に連絡をとって、ベトナム戦争でアメリカ軍を支援する日本政府に抗議したいが「声なき声の会」では小さすぎる、多数の市民によるデモを、政党とは関係なしに組織できないかと考えている、といった。賛成した鶴見は、一度対談したことがあるだけの小田実を誘い、四月、「ベ平連」が誕生した。

政党ともセクトとも距離をおき、「来るものは拒まず、去る者は追わず」の態度の「ベ平連」には多くの市民が参加した。初期には右翼の杉山龍丸《たつまる》も名前を連ねた。六五年九月からは毎月第四土曜日に東京・紀尾井町の清水谷公園から新橋までのデモを行い、「ニューヨーク・タイムズ」「ワシントン・ポスト」に反戦広告を掲載した。また米軍脱走兵をソ連邦経由でスウェーデンに亡命させる工作を実行した。

ひとりでも名のりを上げれば、それがそのまま「べ平連」の支部だとするゆるやかさのため、全国に三百五十支部が設立され、最大七万人の勢力となった。しかし七三年一月、南北ベトナムと南ベトナム臨時革命政府、アメリカによるパリ協定が調印されてアメリカ軍が全面撤退したため、七四年一月、その使命を終えたとして解散した。

屈指の「教養小説」だったが

一九七〇年代後半、小田実は北朝鮮の肩を持った。「自主・自衛・自立」という金日成の掲げた旗に、彼は東西冷戦下の希望を見ようとしたのである。また「税金」というものがいっさいないという北朝鮮側の説明に我が意を得た、とも書いた(『私と朝鮮』七七年)。しかし、すでに権力世襲を明らかにした現実の北朝鮮は、「税金」以外のすべてを軍備と記念碑的建造物に投じる新興宗教的個人崇拝の道を歩んでいた。

彼が『何でも見てやろう』で実践した「現場主義」「実感主義」は、中進国の青年として先進国を見るときに曇りがなく、途上国、自称社会主義国に対する場合は、その「民族主義」に同情するあまり、自分が見たいように事態を見るという矛盾を生んだ。

八〇年代以降、「べ平連」の小田実は忘れられた。「実」の「まこと」という読みも忘れられた。ときどき民放テレビの深夜討論番組に出演して、異常な早口で同じことをまくしたてて相手を沈黙させようとする過剰防衛的な初老の人にすぎなかった。さらに九五年の阪神淡路大震災後には、なぜ西宮で被災したオレのところにマスコミは取材に来ないんだ、と不満を述べて、吉本隆明に傲慢なトリックスターぶりを鋭く批判された。二〇〇七年四月、彼は末期の胃がんであることを公表し、都内の病院で抗がん剤治療を続けた。

現在、『何でも見てやろう』という題名は日本人に記憶されていても、実際に読んだものはまれだ。それが一九六〇年代初頭に書かれた屈指の「教養小説」であり、ナショナリズムとインターナショナリズムの摩擦に関する重要な記録であるにもかかわらず、戦後時代の検証に興味はないのか、誰もがそれをせず、小田実自身もしなかった。

アントニオーニ、ベルイマン、そして小田実、年齢と国籍、人生上の曲折は違うものの、自身も世界も若かった六〇年代前半に頂点を迎えた三人は、二〇〇七年七月三十日の同日に亡くなった。

谷口千吉

八千草薫の夫

〈映画監督〉

■たにぐち・せんきち
■2007年10月29日没(95歳)
■誤嚥性肺炎

谷口千吉は撮影所全盛期に東宝の監督だった人である。

一九一二年二月、明治最末年に東京で生まれ、府立四中から早稲田大学に進んだ。しかし在学中に左翼演劇に熱中して中退、三三年、二十一歳で府下砧《きぬた》のPCL(フォトケミカル・ラボラトリー)に助監督として入社した。三六年に同じく助監督として入所した黒澤明と親しみ、翌年PCLは他の三社と合併して東宝映画株式会社となったため、自動的に東宝所属となった。

谷口千吉は四七年、三十五歳のとき、自分が好きな山を舞台に監督第一作『銀嶺の果て』を撮った。それは、雪山に逃げ込んだ銀行強盗たちと山小屋に住む老人、孫娘がからむサスペンス映画で、黒澤明と谷口が脚本を書き、のちに『ゴジラ』の音楽で知られる伊福部昭が初めて映画音楽を担当した。この映画の助監督についたのが当時二十三歳の岡本喜八で、彼は五六年まで谷口の助監督をつとめた。

主演の銀行強盗は三船敏郎と志村喬《たかし》である。戦時中、陸軍航空隊員として偵察航空写真からの精密地図作成に実績のあった三船は、前年、軍隊時代の先輩が所属する東宝撮影部への就職を希望した。だがその年は採用がなく、空きができたら撮影部に移籍させるという約束で、願書は俳優部の第一期ニューフェイスにまわされていたのである。

俳優になる気はなかった三船だから、ニューフェイスの入社面接には不愛想きわまる態度で応じた。あれでは困る、と不採用に傾いたが、当時の東宝の大御所、山本嘉次郎監督の「ああいうのがいてもいい」のひとことで補欠採用されたのである。

「再々婚」で東宝に干される

『銀嶺の果て』で悪役ぶりを発揮した三船を、黒澤明は翌四八年、『酔いどれ天使』のやくざ役に起用した。さらに六年後、黒澤は『七人の侍』で三船に百姓あがりの菊千代を演じさせ、百姓に雇われた侍たちのリーダー格、勘兵衛には志村喬を当てた。また『銀嶺の果て』の山小屋の老人・高堂国典を、野武士たちの略奪から守るために「侍を雇うべし」と決断する村の長老に配した。

山小屋で老人とともに暮らす孫娘役の若山セツ子は、四九年、東宝作品『青い山脈』(今井正監督)

に原節子、池部良《いけべりょう》と共演した。このとき彼女が黒縁の丸眼鏡をかけたのは、根が美人であることを隠してお茶目な女学生ぶりを印象づけるためであった。谷口千吉は監督第三作、北海道・ニシン漁場で男たちの積年の対立をえがいた『ジャコ万と鉄』(四九年)を撮ったその年、若山セツ子と再婚した。彼女はまだ二十歳、谷口より十七歳下であった。

谷口千吉は三八年、二十六歳のとき、作家の水木洋子と結婚していた。水木は一九一〇年生まれで谷口の二歳上だったが、そのことを隠すためか三歳若く自称した。

水木洋子は府立第一高女を卒業したのち文化学院で学び、左翼劇場に入ったが、生活のために舞台やラジオドラマの脚本を書いた。四二年には陸軍報道局から派遣されて、林芙美子らとともに東南アジアをめぐった。戦後の四九年、水木洋子は『女の一生』のシナリオで映画界に参入した。その後、『あにいもうと』『浮雲』『ここに泉あり』『おとうと』『甘い汗』『怪談』などで、成瀬巳喜男、市川崑、今井正、小林正樹、豊田四郎らと仕事をして、戦後映画の代表的脚本家となった。だが谷口千吉とはそれよりはるか以前、三九年十月に離婚、結婚生活は一年に満たなかった。

谷口千吉の第四作『暁の脱走』(五〇年)は、日中戦争中に現地勤務の兵隊(池部良)が部隊慰問に来た歌手(山口淑子＝李香蘭)と脱走するというお話で、この作品にも出演した。若山セツ子と谷口は五六年に離婚したが、その原因は谷口が八千草薫と親しくなったことであった。

八千草薫は谷口の十九歳下、四七年に宝塚に入団、娘役として人気を博した。五一年に宝塚在籍のまま映画デビュー、五四年、三船敏郎主演『宮本武蔵』(稲垣浩監督)で武蔵の恋人お通を演じて注目された。五五年、日本・イタリア合作、宝塚少女歌劇が全面協力してイタリアで撮影した『蝶々夫人』に主演、その繊細な美貌を強く印象づけた。谷口千吉と知りあったのは彼が監督した『乱菊物語』(五六年)の現場で、結婚は彼女が『雪国』(豊田四郎監督、主演・岸恵子、池部良)に出演した五七年であった。

背が高く細身の谷口は女性にモテた。だがこの再々婚を、二度目のスター女優略奪と見た東宝は、三年あまり谷口を干した。八千草薫にもしばらく仕事の依頼はなかった。初期の三作で「芸術の黒澤、娯楽の谷口」と東宝社内で称された谷口千吉だが、映画作りへの情熱をこの時期から薄れさせ、まだ五十歳代後半だった六〇年代終りに監督業を事実上引退した。

谷口と離婚した若山セツ子は六一年に引退、一時復帰したものの、七三年に再引退した。その頃から精神の変調に苦しんだ。八四年に母親を亡くしたあとは症状が悪化して強制入院となり、八五年、収容されていた施設内で縊死した。水木洋子は二〇〇三年、九十二歳で亡くなった。死後、遺言によって長年住んだ市川市に全財産が寄贈された。

中年女性は美しい

八千草薫の美貌は広く知られていたものの、一九七七年、山田太一脚本のテレビドラマ『岸辺のアルバム』で商社員の妻を演じたときの衝撃は忘れがたい。貞淑を絵に描いたような彼女が浮気をするのである。それは、「主婦」もまた普通のオトナの女性なのだという、当然の、しかしつとめて忘れようとしていた事実が、説得力をもってえがかれたことへの衝撃であった。

『岸辺のアルバム』はこんな物語である。

東京・世田谷区の西はずれで最寄駅は小田急線和泉多摩川、対岸は川崎市である。その多摩川堤防脇の建売住宅は、日曜返上で働く商社員が半生かけて買った「城」である。しかし、そこに住む家族は、どれほど理想的に見えようと、屋根一枚めくればどの家も問題だらけ、という俗諺《ぞくげん》から自由ではない。十八歳の息子は四流私大にも不合格、十九歳の英語好きの娘は恋したアメリカ人に手ひどいかたちで裏切られる。商社勤めの四十五歳の夫(杉浦直樹)は、会社の経営不振ゆえに「ジャパゆきさん」の「輸入」といった仕事に手を染めている。そして四十三歳の妻は、近所に住む「紳士的なストーカー」(竹脇無我)と不倫をする。

七四年九月、多摩川の堤防が切れて小田急線鉄橋のすぐ下流で住宅十九戸が流失した。豪雨は上流に集中して、東京にはほとんど降らなかった。すなわち当事者が危機感を持たぬうちに突然襲った悲劇だったからこそ、三年後、山田太一はこの災いを物語の核としたのである。

『岸辺のアルバム』は、ドラマ化に先立って山田太一が新聞連載小説として書いた。そのとき八千草薫が演じた役は三十八歳と設定されていた。しかしシナリオ化するとき四十三歳と直された。

しかるに実際の八千草薫は七七年には四十六歳だった。それまで恋愛対象から除かれていた中年女性の美しさを、日本人は彼女によって「発見」したのである。

家が流される寸前、彼らは文字通り命懸けで家族の写真アルバムを運び出す。避難所に逃れて数日後、家族は川の岸辺で、ほとんど無傷の屋根だけを見つけた。「蓋をあけると家があるみたい」だった。

家族が再び結びつきを回復しようとするのは「多分に感傷的な心の動き」(山田太一)に違いないが、現実の家族も「感傷」に多くを負いながらきわどく維持されてきたのではないか、と作家はいうのである。そうして、この物語における「感傷」にリアリティを与えたのは、間違いなく八千草薫という女優の中年の美貌と、控えめでいて大胆な物腰であった。

そんな彼女の存在感に圧倒されたのち、こんな女性の夫とは何者だ、という思いを男たちは抱いた。そうして、戦後まもない時代の三本の映画以外は忘れられていた谷口千吉が、一抹の敵愾心《てきがいしん》をまじえた嫉妬の対象として回想されたのである。

「八千草薫の夫」

東宝のプログラム・ピクチャーの監督をやめた一九八〇年、谷口千吉は六十八歳で運転免許を取った。以後八十五歳になるまで妻の送り迎えをした。七一年、谷口は前年開催された大阪万博の記録映画をつくり、七五年、青年海外協力隊のタンザニアでの活動を描いた『アサンテ・サーナ』を撮った。しかしこの映画は配給先を見つけられず、自主上映しなければならなかったから五千万円の借金を背負った。この最後の映画の借金も八千草薫が働いて返した。

夫妻は仲睦まじく暮らしたが、二〇〇七年秋、谷口千吉は亡くなった。九十五歳、結婚生活五十年であった。

谷口譲りの山歩きを趣味とした八千草薫は、十二年後、二〇一九年十月二十四日に亡くなった。膵臓がん、八十八歳であった。最晩年、引退した俳優たちが海岸沿いの豪華な老人ホームで共同生活する倉本聰脚本の連続テレドラマ『やすらぎの郷《さと》』で、老いても上品このうえない元女優役を演じた。その続編『やすらぎの刻《とき》〜道』にも出演したが、病気治療のために途中降板した。そのとき彼女は、「また来ます。終りにしたくない」と意欲を隠さなかった。

真部一男

〈将棋棋士〉

彼が指さなかった最後の一手

■まなべ・かずお
■2007年11月24日没(55歳)
■大腸がんの肝臓転移

二〇〇七年十月三十日、将棋順位戦のいちばん下のリーグ、C級2組の手合いで、真部一男八段は先手豊島将之四段の三十三手目を見て投了した。棋士の誰もが深夜まで粘る順位戦なのに、投了は正午少し前という異例の早さだった。

対局直後、真部八段は弟子の小林宏六段に、4二角と打つつもりだったが、といった。交換した角を、遠く敵陣をにらむ自陣に打つというのだ(参考図)。

そのあと9二香から飛車を9筋にまわして端攻めを狙えば、これは先手が受けにくい。「新手」といえた(と専門誌にはあったが、私には「あー、そうなんだ」と感心する程度にしかわからない)。

なぜ、そう指さなかったんです?　と四十五歳の弟子が問うと、五十五歳の師匠は、長考されてはこちらの身がもたないから、といった。

将棋とは不思議なゲームで（当然ともいえるが）若い方が強い。老いた八段は若い四段に勝てない。豊島将之はその年四段に昇段してプロになったばかりだが、近い将来A級に上がるのは確実と衆目一致する存在だったから、病身の真部への気遣いを除けば、豊島絶対有利と見られていた。真部八段はこの十月、大腸がんの肝臓転移で余命いくばくもなしと告げられ、これが最後の公式戦となった。


(図は△4二角まで)

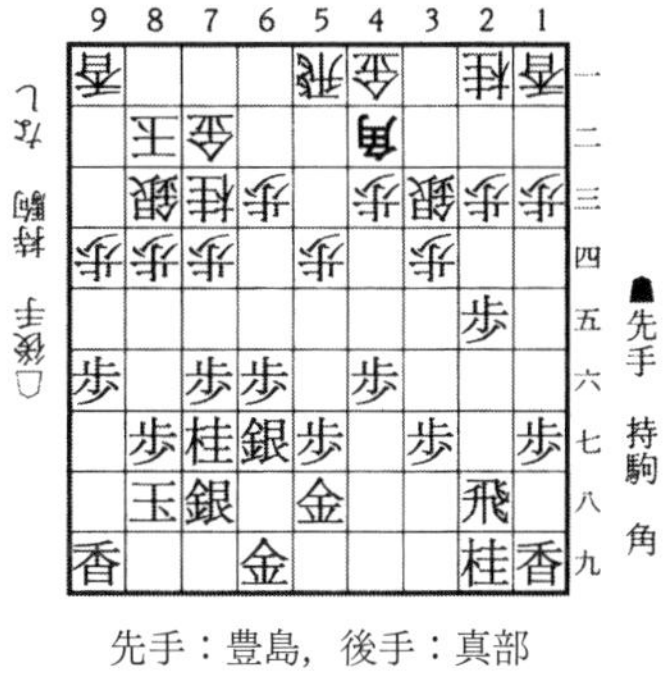

先手：豊島，後手：真部

「破滅型の気配」ある美男棋士

長髪、すっきりした和風美男で知られた真部一男が将棋を覚えたのは五歳のとき、腕白な息子を落着かせようと母親が教えたのである。見る見る強くなった一男少年は、一九六三年、十一歳のとき米長邦雄に飛角二枚落ちで指導対局をしてもらった。のち名人、将棋連盟会長となる米長邦雄は、当時二十歳の四段であった。

米長邦雄は書く。

「これはプロ棋士になる小学生だなと直感で判った。まずはこっぴどく負かしておくのが本人のためであるから私は真剣に戦った。しかし、上手《うわて》が負けた」（米長邦雄「将棋界のモーツアルト」）

六五年、十三歳で真部は加藤治郎名誉九段の弟子となり、プロを目指す奨励会に六級で入会した。順調に昇級・昇段を重ねたが、プロ一歩手前の三段リーグでは「自他ともに認めた天才」のわりには苦労した。当時彼は巣鴨高校に通っていたが、七〇年初め、卒業目前に退学した。プロになるために役立たないことはすべて切り捨てるという意志の表明であった。

三段リーグ所属の七一年、プロ棋士を相手に作家の山口瞳が飛車落ちで戦うという「小説現代」の企画『血涙十番勝負』の記録係となり、山口瞳に愛された。しかし十九歳でディレッタントにひいきされるとは、むしろ不運だろう。もっとも私は、真部一男の名前と風貌をこの連載で知ったのである。

七三年、二十一歳で四段、順位戦C2クラスに入ってプロの列に加わった。その鋭い指し筋と美貌に注目したNHKが、七五年、テレビでの中原誠名人との「お好み対局」を企画した。「いずれ名人戦で挑むから、その前哨戦」とうそぶいて臨んだ真部は、中原に勝った。翌年、順位戦全勝でC1クラスに昇級、五段になった。

「真部さんは、五段から六段にかけて特に強かった」。元棋士にして作家、棋譜解説にとどまらず、棋士たちの個性をリアルにえがいた故河口俊彦八段は、真部が亡くなったあと、こんなふうに語った。

「人柄も将棋も品が良い。負けても記憶に残る素晴らしい将棋を指したりします。そしてある種、破滅型の気配がある」

二十代後半がピーク

B級2組に昇級して六段となった一九七八年、二十六歳で結婚した。相手は草柳文恵、高名な評論家・草柳大蔵の娘である。青山学院大学在学中に「ミス東京」に選ばれた明るい印象の美人で、テレビのニュースキャスター、エッセイストでもあった。美男美女の著名人同士の結婚だから、結婚式はテレビでも放映された。

八〇年、二十八歳で強豪ぞろいのB1に昇級、七段となった。八三年、民放主催の早指し選手権で、当時、王将、棋王の二冠・米長邦雄を決勝で降し、優勝した。NHK杯決勝でも米長と対決して敗れていたがこれで雪辱、真部の棋戦初優勝だった。テレビドラマ『銭形平次』に、江戸時代の将棋名人・天野宗歩の役で出演したのもこの頃である。

しかし、三十代に入ると思うように勝てなくなった。その詰屈《きっくつ》のせいか、将棋より碁に熱中して朝から夕方まで碁会所ですごし、碁の実力は将棋界一といわれるまでに腕をあげた。そうして夜は浴びるように酒を飲んだ。

異常な記憶力とともに凝り性でもあった彼は、将棋の先手後手を決めるのに駒を五枚投げる「振り駒」の公平性を疑い、表の「歩」と裏の「と」、どちらが多く出たか、千五百余局分を調べたりした。結果は「歩」がわずかに多かったが、有意な差とはいえなかった。

この頃から首が回らなくなる奇病に苦しみ、八五年、文恵夫人と別れた。離婚の原因は「時間のすれ違い」と本人が語っている。

離婚の翌年、かつてべ平連の闘士として鳴らし、当時は埼玉県議会議員であった論客・小沢遼子といっしょに暮らしていることが明らかになった。彼女はそのとき真部の十五歳年長、四十九歳であった。だが、この関係も長くはつづかなかった。

指さなかった最後の一手「4二角」

一九八八年、順位戦最高クラスで「名人位挑戦権」を争うA級に上がって八段となった。天才ぞろいの将棋界だが、若い頃から「一流の天才」と周囲に認められていた真部としては、三十六歳は遅い昇級であった。

しかし一年でB1に降級した。九〇年にA級復帰したが、この年も大きく負け越して再降級、以後A級に返り咲くことはなかった。それどころか加齢するごとに降級を重ね、二〇〇七年にはC級2組まで落ちていた。

その順位戦の対豊島将之戦で、相手の長考を恐れてあえて4二角と打たず、三十三手で投了したのは十月三十日、その後すぐに入院した。しかしやがて自宅に戻ることを強く希望し、十一月二十四日、真部一男は亡くなった。五十五歳であった。将棋連盟は九段を追贈した。

棺の中の息子に、「かずお、か、ず、お」と八十歳になる母親が呼びかける姿は痛々しかった。また故人と同年齢くらいの女性が、すすり泣きながら棺の中の故人の顔に手を当てているのを見た米長邦雄は、「この人が事実上の喪主なのだろう」と思った。

真部の通夜の十一月二十七日にもC2順位戦は行われた。

そのうちの一局、村山慈明《やすあき》四段・大内延介《のぶゆき》九段戦が、豊島・真部戦とまったく同形で進んでいることに、おなじC2で対局中の小林宏六段は気づいた。大内九段はA級在位時代、中原誠名人に挑戦してその最終第七局を終盤まで有利に進め、しかるに「歴史的見落とし」で掌中の名人位を逸した棋士だが、寄る年波には勝てずC2に落ちてきていたのである。

そして三十四手目、後手、六十六歳の大内九段が4二角と打った。それは真部が打とうとして打たなかった角である。すると二十三歳の村山四段は百十分間の長考に沈んだ。それも真部の予想した通りであった。その角打ちで有利になったと見られた大内だが、結局決め手を発見できず村山の逆転勝ちを許した。

深夜二時、長い感想戦を終えて帰りかけた大内を、やはりそのことに気づいた先崎《せんざき》学八段が呼びとめ、ひと月前の最後の公式戦、同じ局面で真部が4二角と打とうとしたことを知っていたか、と尋ねた。
〈私が喋るうちに、大内の眼は大きく見開かれ、何度も何度も頷き、驚きのことばを弾き返した。「まったく知らなかったよ、そんなことがあったんだ」〉(先崎学「千駄ヶ谷市場」、「将棋世界」二〇〇八年二月号)

「残念だな」と大内延介はつづけた。「勝ってやらなきゃいけなかったな」

先崎学がはじめて会った棋士が真部一男であった。小学校一年生のとき札幌で「十面指し」の指導対局を真部四段から受け、駒を全部とられるような形で負かされた。以後先崎少年はそれまで以上に将棋にのめりこんでいった。

真部の死後、この4二角の一手に、新手を顕彰する「升田幸三賞特別賞」が贈られた。実際に指しはしなかったものの、状況と周囲の証言から「指したと同然」とみなされたのである。

真部一男の死から一年足らずの二〇〇八年九月九日、前妻草柳文恵が亡くなった。中央区の自宅高層マンションのベランダの手摺に結んだ紐を首に巻きつけ、そのまま飛び降りるという凄絶な自殺を実行したとき、彼女は五十四歳であった。

写真出典

〔以下は共同通信社提供〕

2 頁, 39 頁, 46 頁, 69 頁, 99 頁, 111 頁, 118 頁, 138 頁,
149 頁, 158 頁, 173 頁, 180 頁, 196 頁, 201 頁,
226 頁(小田実), 241 頁, 248 頁

〔以下は朝日新聞社提供〕

90 頁, 130 頁

〔その他〕

12 頁：© World History Archive ／ニューズコム／共同通信イメージズ

28 頁：© Ronald Grant Archive ／ Mary Evans ／共同通信イメージズ

226 頁：(M. アントニオーニ, I. ベルイマン)：© Ronald Grant Archive ／ Mary Evans ／共同通信イメージズ

関川夏央

作家．1949年，新潟県生まれ．上智大学外国語学部中退．『海峡を越えたホームラン』(双葉社，1984年)で第7回講談社ノンフィクション賞，『「坊っちゃん」の時代』(谷口ジローと共作，双葉社，1987–97年)で第2回手塚治虫文化賞，2001年には，その「人間と時代を捉えた幅広い創作活動」により第4回司馬遼太郎賞，『昭和が明るかった頃』(文藝春秋，2002年)で第19回講談社エッセイ賞を受賞．近著に『子規，最後の八年』(講談社，2011年，講談社文庫，2015年)，『日本人は何を捨ててきたのか　思想家・鶴見俊輔の肉声』(鶴見俊輔との対談，筑摩書房，2011年，ちくま学芸文庫，2015年)，『東と西　横光利一の旅愁』(講談社，2012年)，『文学は，たとえばこう読む――「解説」する文学 II』(岩波書店，2014年)，『人間晩年図巻 1990–94年』『人間晩年図巻 1995–99年』(いずれも岩波書店，2016年)，『人間晩年図巻 2000–03年』(岩波書店，2021年)など．

人間晩年図巻 2004–07年

2021年11月26日　第1刷発行

著　者　関川夏央《せきかわなつお》

発行者　坂本政謙

発行所　株式会社 岩波書店
〒101-8002 東京都千代田区一ツ橋2-5-5
電話案内 03-5210-4000
https://www.iwanami.co.jp/

印刷・精興社　製本・牧製本

ISBN 978-4-00-061506-8　　Printed in Japan

人間晩年図巻 1990-94年　関川夏央著　四六判二七六頁　定価一九八〇円

人間晩年図巻 1995-99年　関川夏央著　四六判三一〇頁　定価二四二〇円

人間晩年図巻 2000-03年　関川夏央著　四六判二六二頁　定価二〇九〇円

「解説」する文学　関川夏央著　四六判三九四頁　定価二六四〇円

文学は、たとえばこう読む ――「解説」する文学Ⅱ　関川夏央著　四六判二六〇頁　定価一九八〇円

昭和三十年代演習　関川夏央著　四六判二〇八頁　定価一六五〇円